"공부습관 확실히 잡아 주는 공습"

···· 공부습관을 잡으면 성적과 학습능력은 저절로 올라간다!

자기 분야에서 눈에 띄는 성과를 이루어 낸 많은 사람들은 한 목소리로 좋은 습관이 성공의 열쇠였다고 말합니다. 공부도 마찬가지입니다. 자신의 페이스를 꾸준히 유지하며 공부하는 습관을 들인다면 학습능력과 성적은 저절로 따라 올라갑니다.

···· 올바른 공부습관이 없다면 학습능력은 사상누각!

본격적인 학교 공부를 시작하는 시기인 초등학교. 바로 이때 공부습관을 제대로 잡아 주는 것이 무엇보다 중요합니다. 이때 형성된 공부습관이 이후 중·고등학교에서의 학업 성취도를 좌우하기 때문입니다.

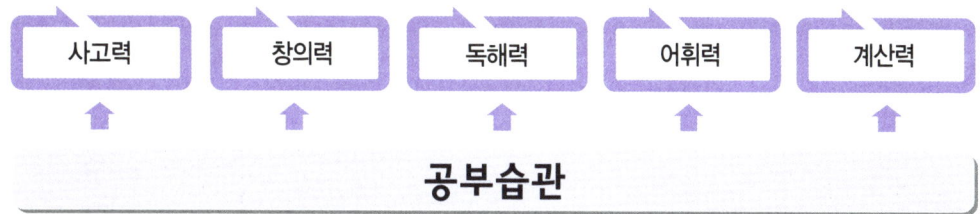

···· '워밍업 → 해결전략연습 → 의욕충전'의 3단계 학습법

본격적인 운동을 하기 전에 준비운동으로 몸을 풀면, 더욱 안전하고 효과적인 운동을 할 수 있습니다. 공부를 시작하기 전에도, 먼저 두뇌를 공부할 수 있는 상태로 풀어 주어야 더욱 효율적인 공부를 할 수 있습니다. 공습에서는 준비운동을 통해 두뇌를 공부 모드로 바꿔 준 다음, 해결전략을 연습하는 문제를 풉니다. 그리고 공부 의욕을 높이는 짤막한 글로 마무리하여 학교·학원 공부를 더욱 충실히 수행할 수 있도록 합니다.

"공습으로 잡는 3대 공부습관"

첫째, 스스로 공부하는 습관

잔소리를 해서 공부를 시키는 부모와 잔소리 때문에 억지로 공부하는 아이, 모두 스트레스를 받습니다. 그러나 억지로 하는 공부는 오히려 아이에게 공부에 대한 반감만 일으킬 뿐입니다. 일단 아이의 공부 부담부터 줄여 주세요. 남들 한다고 따라서 이것저것 아이에게 시키지 마세요. 이 시기에는 하루하루 꾸준히 스스로 공부하는 습관을 잡아 주는 것만으로도 충분합니다.

공습은 하루 10분, 부담 없이 재미있게 공부할 수 있습니다. 아이와 하루 10분 공습 공부를 약속하고 지켜 보세요. 시키지 않아도 스스로 공부하는 아이를 만날 수 있을 것입니다.

둘째, 차례차례 문제를 해결하는 습관

긴 글만 보면 괜히 주눅이 들어서 자기가 가지고 있는 실력을 100퍼센트 발휘하지 못하는 아이들이 많습니다. 이것은 무엇보다 문제의 핵심이 무엇인지 파악하는 훈련이 되어 있지 않기 때문입니다. 학년이 올라갈수록 문제를 분석하여 해결 방법을 찾는 능력이 많이 요구됩니다. 초등학교 때부터 차례차례 문제를 해결하는 방법을 훈련하여, 이를 습관으로 만들어야 합니다.

공습은 절차적 문제해결전략을 반복해서 훈련함으로써, 핵심을 잡아내는 공부습관을 만듭니다.

셋째, 꾸준히 공부하는 습관

하루 세 끼 규칙적으로, 알맞은 양을 먹는 것이 건강을 지키는 방법입니다. 공부도 마찬가지입니다. 매일매일 아이가 할 수 있는 양만큼만 꾸준히 공부한다면, 아이는 공부와 시험에 대한 부담을 덜어 내고, 자신의 실력을 차곡차곡 쌓을 수 있습니다. 꾸준히 공부하기 위해서, 우선 아이 스스로가 공부는 할 만한 것이라는 자신감과 재미를 가져야 합니다.

공습은 문제해결전략만 이해하면 누구나 풀 수 있습니다. 따라서 아이는 문제를 풀면서 자신감을 갖게 되고, 이러한 자신감은 공부에 대한 재미로 이어져 꾸준히 공부할 수 있는 습관을 만듭니다.

"공습 훈련 프로그램 - 공습국어 초등어휘"

•••• 어휘 간의 관계를 이해하고 다양하게 활용하는 습관을 잡는다.

영어 공부를 할 때는 영한사전이 아니라 영영사전을 찾아야 실력이 더 빨리 는다고 합니다. 어휘는 상황과 문맥에 따라 그 뜻이 달라지고, 비슷한 뜻의 어휘라도 상황에 알맞게 구별하여 사용해야 하기 때문입니다. 당장 문장을 해석하고 단어를 외울 때에는 단편적인 뜻을 이용하는 것이 더 편하지만 장기적으로 봤을 때 그런 습관은 독이 됩니다. 공습국어 초등어휘는 단순히 어휘의 뜻만을 외우도록 하지 않습니다. 어휘와 어휘 사이의 관계와 다양한 활용 방법을 반복적으로 훈련함으로써 다각도의 어휘 접근 방법을 일깨워 줍니다.

•••• 암기로 버터 왔던 어휘를 사고력 확장을 이끄는 어휘로

암기를 통해 머릿속에 넣은 어휘로는 그 어휘가 원래 가지고 있는 개념만큼 다양하게 활용할 수 없습니다. 어휘는 변화무쌍하고 용례 또한 다양하기 때문에 어휘에 대한 접근 역시 과학적이고 다양한 방법으로 해야 합니다. 공습국어 초등어휘의 전략을 통해 어휘 간의 관계를 파악하고 어휘의 다양한 쓰임새를 알 수 있습니다. 어휘 간의 관계를 살펴보는 과정에서 자연스럽게 학습할 어휘의 양을 늘리고 질을 높일 수 있습니다. 또한 어떤 어휘를 보더라도 이런 전략들을 적용시키는 습관을 키울 수 있습니다. 공습국어 초등어휘는 어휘 학습뿐 아니라 사고력까지 높여 주는 과학적 프로그램입니다.

"『공습국어 초등어휘』 활용 방법 보기"

하나 처음 일주일 정도는 아이와 함께 하세요.

공습국어 초등어휘의 어휘 접근 전략을 아이가 이해할 수 있도록 일주일 정도는 아이와 함께 문제를 풀어 보세요. 각각의 전략 단계를 어떻게 풀면 되는지 설명해 주고, 채점을 통해 다시 한번 짚어 줍니다.

둘 매일 1회분씩 꾸준히 하도록 유도하되 강요하지 마세요.

아이에게 공부하라고 말하기 전에, 먼저 공부할 수 있는 환경과 조건을 만들어 주세요. 그리고 아이가 스스로 공부할 때까지 지켜봐 주세요. 또한 하루에 1회분 이상 진도를 나가지 않도록 지도해 주세요. 하루에 2회분 이상의 문제를 푸는 것은 꾸준한 공부 습관 형성에 방해가 될 수 있습니다.

셋 아이의 수준에 맞게 단계별로 선택하세요.

공습국어 초등어휘는 초등학교 교과서에서 뽑은 어휘들과 교과 과정 학습에 도움이 되는 어휘들로 이루어져 있습니다. 특히 요즘 국사의 중요성이 점점 부각되고 있기 때문에, 사회 과목의 경우 국사 영역을 따로 구분하여 어휘 학습을 하도록 구성하였습니다. 교과서를 바탕으로 한 어휘는 무엇보다 먼저, 꼭 알아야 하는 기본 어휘입니다. 또한 학교 수업에서 주로 이용되는 어휘들이기 때문에 천차만별인 아이들의 어휘 수준에 보다 가깝게 접근할 수 있습니다. 공습국어 초등어휘를 공부할 때, 해당 학년에 속하는 단계를 선택하여 학교 공부와의 연계성을 갖고 이해도를 높이는 것도 좋습니다. 그러나 학교 진도를 따라가기 위한 목적으로 무리하게 단계를 선택하지는 마세요. 공습국어 초등어휘는 단기적으로 국어 '성적'을 높이기 위한 교재가 아닙니다. 공습국어 초등어휘의 목적은 국어 '능력'을 높이는 것으로, 이것은 장기간의 훈련과 노력을 필요로 합니다. 아이의 어휘 실력에 맞는 단계를 선택할 때 최고의 효과를 얻을 수 있습니다.

단계	구성	어휘 출제 과목	출제 어휘 수
1·2학년	30회	국어, 수학, 과학, 사회, 예체능 영역	매 회 10~15개
3·4학년	30회	국어, 수학, 과학, 사회 영역	매 회 15~20개
5·6학년	30회	국어, 과학, 사회 영역	매 회 20~25개

넷 걸린 시간과 정답 개수를 꼭 적도록 하세요.

공습국어 초등어휘는 문제마다 걸린 시간과 정답 개수를 적도록 하고 있습니다. 아이들이 문제를 푼 다음, 걸린 시간을 적을 수 있도록 미리 시계를 준비해 주세요. 어휘의 양과 난이도에 따라 도전 시간에 차이를 두었습니다.

욕심이 앞서서 문제 풀이의 속도만 높이려 한다면 오히려 어휘 하나하나에 대해 고민하는 시간을 갖지 못합니다. 얼마나 많은 어휘를 외우느냐는 것은 중요하지 않습니다. 어휘를 통해 사고력까지 키울 수 있도록 여유를 가지세요. 도전 시간을 주고 걸린 시간과 정답 개수를 적게 하는 것은 집중력을 높이고 실력 향상의 재미를 느끼게 하기 위한 장치임을 꼭 기억하세요.

다섯 우리 아이, 이럴 땐 이렇게 하세요.

- **도전 시간 안에, 틀린 답 없이 문제를 풉니다.**
  뛰어난 어휘 이해 능력을 지녔습니다. 꾸준하게 훈련하면 어휘에 대한 감각이 잡히고 동시에 언어사고력 또한 발달할 것입니다.

- **(도전 시간을 기준으로) 걸린 시간은 매우 짧은데, 정답률이 낮습니다.**
  문제풀이전략을 이해하지 못한 상태에서 건성으로 문제를 푼 것입니다. 문제의 틀을 이해시키고, 한 문제 한 문제 같이 풀어 보는 과정이 필요합니다.

- **(도전 시간을 기준으로) 걸린 시간은 길지만, 정답률은 높습니다.**
  전략에 따른 문제 해결이 아직 익숙하지 않거나, 집중력이 오래 가지 못하는 것입니다. 그럼에도 문제를 꼼꼼하게 풀어낸 아이의 끈기를 칭찬해 주시고, 하루하루 지켜봐 주세요. 그리고 주변 환경을 정리하고 부모가 직접 시간을 재서 아이의 집중력이 흐트러지지 않게끔 도와줍니다.

- **(도전 시간을 기준으로) 걸린 시간은 긴데, 정답률이 낮습니다.**
  문제풀이전략을 이해하지 못한 상태이며, 집중력 또한 떨어지는 것입니다. 옆에서 좀 더 지켜보며 문제 풀이를 다시 설명해 주세요. 주변에서 쉽게 볼 수 있는 사물을 예로 들고, 그 어휘를 그림으로 표현하는 등의 활동을 통해 문제 풀이에 대한 집중력과 재미를 길러 줍니다.

"『공습국어 초등어휘』구성 한눈에 보기"

공습국어 초등어휘는 공부를 시작하기 위한 준비운동인 「머리 풀어주는 퍼즐」과 본격적인 문제해결전략을 연습하는 「낱말이 쏙 생각이 쑥」(1. 가로세로 낱말 찾기, 2. 낱말 뜻 알기, 3. 비슷한 말 반대말 알기, 4. 큰 말 작은 말 알기, 5. 짝을 이루는 말(관용어) 알기, 6. 낱말 활용하기), 그리고 공부 의욕을 높여 주는 「생각 다지는 글」로 구성되어 있습니다. 아이들의 어휘 수준에 맞게 '낱말' 과 '어휘' 라는 말을 조정하여 사용하였습니다.

준비운동 – 머리 풀어 주는 퍼즐
다양한 퍼즐을 통해 두뇌를 공부 모드로 전환하고 아울러 창의사고력을 키웁니다.

1. 가로세로 낱말 찾기
어휘를 찾아보는 가벼운 몸 풀기 문제입니다. 학습할 어휘와 뜻밖의 조합을 이루는 어휘를 찾으면서 흥미를 느낄 수 있습니다.

2. 낱말 뜻 알기
어휘의 뜻을 찾는 문제입니다. 어렴풋하게는 알지만 정확히 표현하기 어려웠던 어휘의 뜻을 사전적 설명과 그림을 통해 파악할 수 있습니다.

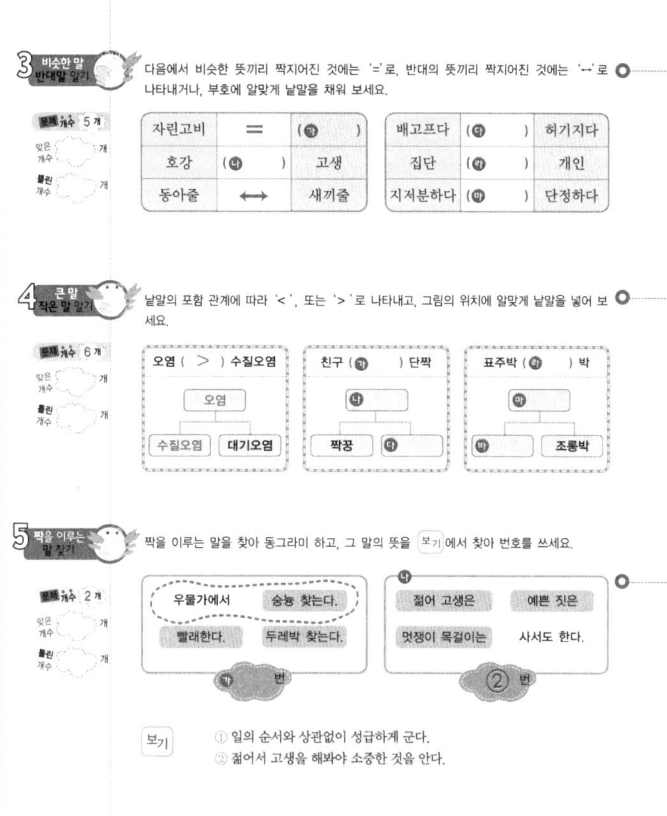

3. 비슷한 말 반대말 알기
비슷한 말과 반대말을 파악하는 문제입니다. 하나의 어휘에 연결되는 비슷한 말, 반대말까지 자연스럽게 알게 되어, 어휘의 의미를 좀 더 분명하게 알 수 있습니다.

4. 큰 말 작은 말 알기
어휘의 포함 관계를 파악하는 문제입니다. 부등호와 그것을 바탕으로 만들어진 조직도를 통해 어휘 간의 상위 개념과 하위 개념을 구분할 수 있습니다.

5. 짝을 이루는 말(관용어) 찾기
관용어를 찾고 그 뜻을 알아보는 문제입니다. 어휘가 관용적으로 쓰이면 원래의 뜻에 변화가 오기 때문에 어휘의 개념 확장에 대해 이해할 수 있습니다.

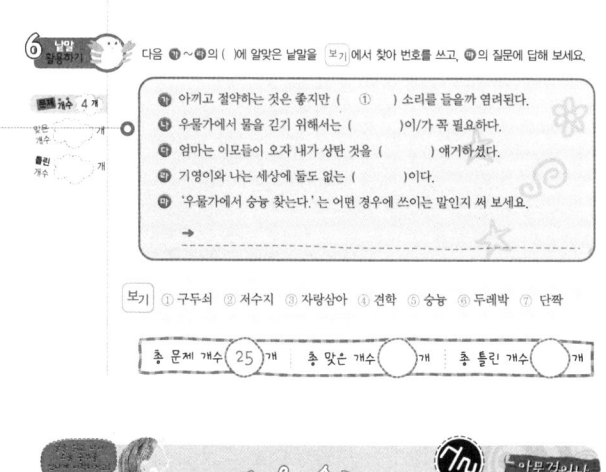

6. 낱말 활용하기
학습한 어휘가 실제 문장이나 생활에서 활용되는 것을 보여 주는 문제입니다. 문맥을 파악하고 상황을 연상하는 능력을 키울 수 있습니다.

마무리 – 생각 다지는 글
공부에 도움이 되는 이야기, 좋은 생활 습관을 다지는 이야기 등 부모가 아이에게 해 주고 싶은 이야기를 다양하게 싣고 있습니다.

"『공습국어 초등어휘』 풀이 방법 보기"

1. 가로 세로 낱말 찾기

다음 네모에서 알고 있는 낱말을 찾아 동그라미를 해 보세요.

명	절	다	리	밟	기	땔	오	장	★
★	한	탈	춤	윷	★	감	곡	작	보
대	식	조	★	놀	민	요	밥	★	릿
보	★	동	지	이	속	판	소	리	고
름	더	위	팔	기	아	궁	이	★	개

내가 찾은 낱말 16 개

   가로 혹은 세로에 숨어 있는 어휘를 찾아 동그라미로 묶습니다. 한 글자씩 겹치기도 합니다. '윷놀이'와 '더위팔기'의 끝 글자들이 '이기'라는 조금 생소한 글자를 만들기도 하고, 또 '다리'와 '밟기'처럼 각자의 뜻을 가지고 있는 어휘들이 '다리밟기'라는 하나의 뜻을 만들기도 합니다. 그래서 학습자의 수준에 따라 주어진 글자로 만들 수 있는 어휘의 개수가 달라집니다. 어떤 아이는 '동위'처럼 잘 쓰이지 않는 어휘를 찾을 것이고, 더러 호기심이 많은 아이는 '판궁'처럼 뜻이 없는 어휘를 찾아 그 뜻을 궁금해 할 것입니다.
   찾은 어휘를 세어 개수를 표시합니다. 해설지에 표시된 어휘보다 더 많이 찾을 수도 있고 적게 찾을 수도 있습니다. 찾은 개수는 그다지 중요하지 않습니다. 그러나 해설지에 표시된 어휘는 교과서에서 뽑은 기본 어휘입니다. 곧 문제를 풀기 위해 기본적으로 필요한 어휘이므로 많이 찾지 못했을 경우에는 아이에게 조금 더 시간을 주세요. 그리고 아이와 함께 누가 빨리 어휘를 찾아내는지 게임을 하며 아이의 흥미를 높여 주세요.

2. 낱말 뜻 알기

다음 설명이나 그림이 뜻하는 낱말이 무엇인지 빈칸을 채워 보세요.

- ㉮ 곡식은 떨어지고 보리는 여물지 않아 먹을 것이 없는 때 ········ 보 릿 고 개
- ㉯ 설날이나 추석처럼 해마다 일정하게 지키어 즐기거나 기념하는 때 ··· 명 절
- ㉰ 일 년 중 낮이 가장 짧고 밤이 가장 긴 절기 ················· 동 지
- ㉱ 일반 백성들 사이에 내려오는 풍속 등 문화를 통틀어 이르는 말 ··· 민 속

㉲ 탈춤   ㉳ 판소리   ㉴ 윷놀이   ㉵ 아궁이

〈1. 가로세로 낱말 찾기〉에서 찾은 어휘 중, 설명과 그림이 가리키는 어휘를 찾아 빈칸에 써 넣습니다.

3. 비슷한 말 반대말 알기

다음에서 비슷한 뜻끼리 짝지어진 것에는 '='로, 반대의 뜻끼리 짝지어진 것에는 '↔'로 나타내거나, 부호에 알맞게 낱말을 채워 보세요.

장작	(㉮ =)	땔감		민속	(㉱ ↔)	현대
하지	↔	(㉯ 동지)		판소리	(㉲ ↔)	대중가요
아궁이	(㉰ =)	불구멍		대보름달	↔	초승달

비슷한 말끼리 짝을 지은 것에는 '같다'를 뜻하는 '=' 표시를, 반대말끼리 짝을 지은 것에는 '다르다'를 뜻하는 '↔' 표시를 합니다. 그리고 낱말 부분이 빈칸인 것에는 제시된 어휘와 비슷한, 혹은 반대의 뜻을 지닌 어휘를 써 넣습니다. '장작'과 '땔감'은 비슷한 뜻이니 ㉮에는 '='를 넣고, '민속'과 '현대'는 반대의 뜻이니 ㉱에는 '↔'를 넣습니다. 또 '하지'와 반대의 뜻을 가지고 있는 말을 〈1. 가로세로 낱말 찾기〉에서 찾으면 '동지'가 가장 적당하므로, ㉯에는 '동지'를 써 넣습니다.

4. 큰 말 작은 말 알기

낱말의 포함 관계에 따라 '<', 또는 '>'로 나타내고, 그림의 위치에 알맞게 낱말을 넣어 보세요.

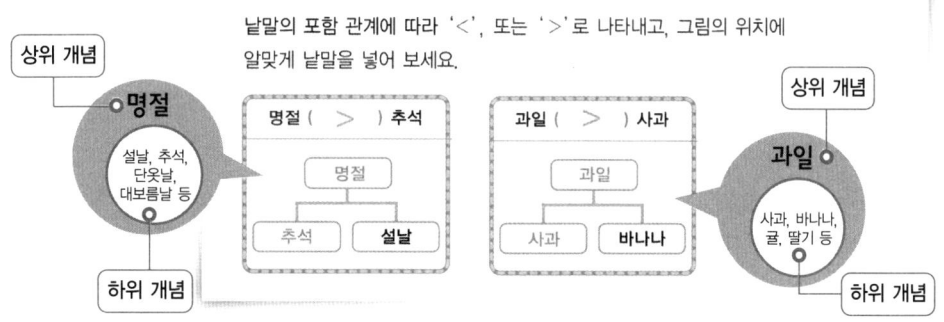

'추석'이나 '설날'은 해마다 기념하는 날들로 이들을 아울러 '명절'이라고 부릅니다. 곧 명절은 명절의 예들을 모두 포함하는 상위 개념이고, '추석', '설' 등은 명절에 포함되는 하위 개념임을 알 수 있습니다. 포함 관계를 부등호로 나타내며, 더 범위가 큰 쪽에 부등호를 향하게 합니다. 조직도에는 상위 개념이 위의 칸에, 하위 개념이 아래 칸에 들어갑니다.

벤다이어그램을 보면 어휘의 포함 관계를 더욱 쉽게 알 수 있습니다. 우선 아이들에게는 쉬운 예를 들어 설명해 주세요. '사과', '바나나', '과일'이라는 어휘가 있다면 사과와 바나나는 과일의 한 종류로 '과일'에 속합니다. 부등호는 '과일' 쪽으로 향하며, 조직도 위의 칸에는 '과일'이, 아래 칸에는 '사과'와 '바나나'가 자리합니다.

5. 짝을 이루는 말(관용어) 찾기

짝을 이루는 말을 찾아 동그라미 하고, 그 말의 뜻을 [보기]에서 찾아 번호를 쓰세요.

㉮
- 보릿고개가 — 바다보다 깊다.
- 밥보다 구수하다. — 태산보다 높다.

㉯ ① 번

㉰
- 한식에 죽으나 — 청명에 죽으나
- 단오에 일 떠나나 — 추석에 일하나

㉱ ② 번

[보기]
① 농사지은 식량으로 보리가 날 때까지 견디기가 매우 힘들다.
② 하루 먼저 죽으나 뒤에 죽으나 같다.

관용어를 이루는 어휘의 짝을 찾아 동그라미로 묶습니다. 그리고 그것들이 짝을 이루어 나타내는 뜻을 [보기]에서 찾아 그 뜻에 해당하는 번호를 빈칸에 써 넣습니다. 앞서 학습한 어휘가 들어가는 말을 최대한 이용하였고, 뜻이나 상황에서 관련성을 갖는 어휘도 이용하였습니다.

6. 낱말 활용하기

다음 ㉮~㉱의 ( )에 알맞은 낱말을 [보기]에서 찾아 번호를 쓰고, ㉲의 질문에 답해 보세요.

㉮ 정월 대보름날 (⑤)은/는 한여름 더위를 미리 다른 이에게 파는 놀이이다.
㉯ 예전에는 산에서 나무를 해다가 (④)(으)로 사용하였다.
㉰ 춘향가, 심청가 등의 (⑥)은/는 우리에게는 동화로 더 유명하다.
㉱ 우리나라는 밤이 긴 (②)에 팥죽을 쑤어 먹는 풍습이 있다.
㉲ '보릿고개'를 넣어 짧은 글을 지어 보세요.
→ 겨울이 지나고 보릿고개가 코앞에 닥쳤다.

[보기] ① 윷놀이 ② 동지 ③ 민속 ④ 땔감 ⑤ 더위팔기 ⑥ 판소리 ⑦ 보릿고개

학습한 어휘가 실제로 어떻게 활용되는지 보여주는 문제입니다. 앞뒤의 문맥을 보고 적합한 어휘를 선정하여 문장을 완성합니다. 그리고 짧은 글짓기를 하거나 그 말이 사용되는 상황을 연상해 보며 언어사고력을 확장시킵니다.

차례

Contents

01 회	13쪽	**02** 회	17쪽
03 회	21쪽	**04** 회	25쪽
05 회	29쪽	**06** 회	33쪽
07 회	37쪽	**08** 회	41쪽
09 회	45쪽	**10** 회	49쪽
11 회	53쪽	**12** 회	57쪽
13 회	61쪽	**14** 회	65쪽
15 회	69쪽	**16** 회	73쪽
17 회	77쪽	**18** 회	81쪽
19 회	85쪽	**20** 회	89쪽
21 회	93쪽	**22** 회	97쪽
23 회	101쪽	**24** 회	105쪽
25 회	109쪽	**26** 회	113쪽
27 회	117쪽	**28** 회	121쪽
29 회	125쪽	**30** 회	129쪽

정답 133쪽

공습을 시작하며...

매일 매일 즐거운 마음으로 공습국어 초등어휘 1회부터 30회까지 꾸준히 풀어 보세요. 자, 준비됐나요? 그럼 신나게 시작해 보세요!

머리 풀어주는 퍼즐

도전 시간	걸린 시간
00 분 25 초	분 초

창의사고력 기초 다지기 주의집중력 쏙~

다음 그림들이 각각 몇 장씩인지 세어 보세요.

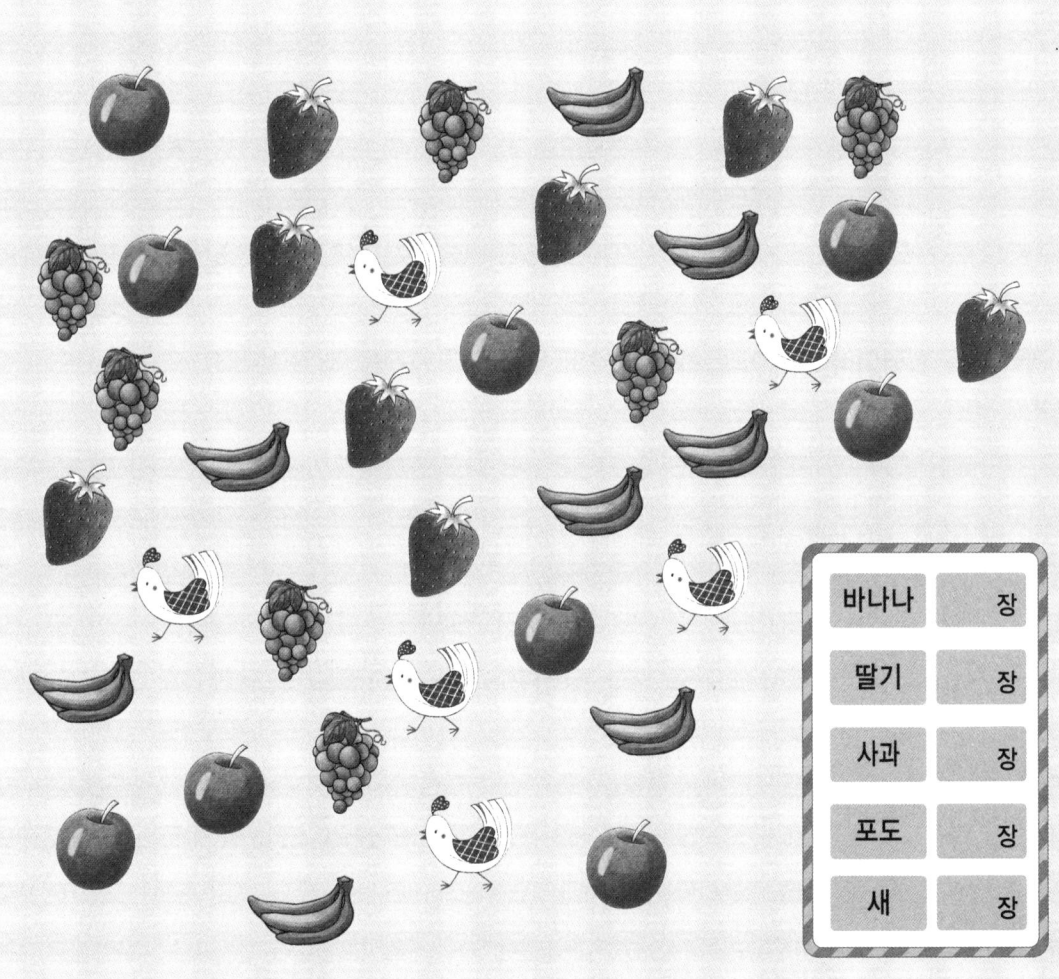

바나나	장
딸기	장
사과	장
포도	장
새	장

낱말이 쏙 생각이 쑥

도전시간 7분 20초   걸린시간 분 초

1 가로세로 낱말 찾기

다음 네모에서 알고 있는 낱말을 찾아 동그라미를 해 보세요.

여기서 찾은 낱말로 2~6번 문제를 풀어요!

구	두	쇠	고	집	단	★	숭	늉	★
★	레	붙	생	단	정	하	다	★	허
저	박	이	★	짝	★	견	학	동	기
수	질	오	염	★	자	랑	삼	아	지
지	★	통	계	표	주	박	★	줄	다

내가 찾은 낱말   개

2 낱말 뜻 알기

다음 설명이나 그림이 뜻하는 낱말이 무엇인지 빈칸을 채워 보세요.

문제 개수 8개
맞은 개수   개
틀린 개수   개

㉮ 굵고 튼튼하게 꼬은 줄 ·· 동 □ □

㉯ 돈이나 물건을 쓰는 데 아주 아끼는 사람 ············ □ □ 두

㉰ 물을 모아 두기 위해 하천이나 골짜기를 막아 만든 못 ···· 저 □ □

㉱ 어떤 일을 알아보기 쉽게 정리하여 표로 만들어 놓은 것 ·· □ □ 표

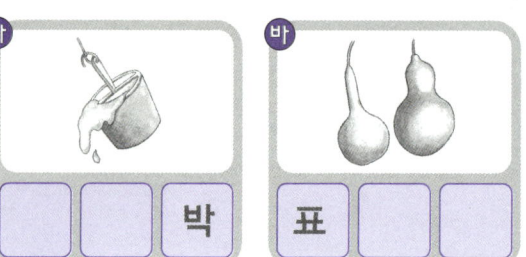

㉲ □ □ 박   ㉳ 표 □ □

㉴ □ 짝

㉵ □ □

14

3 비슷한 말 반대말 알기

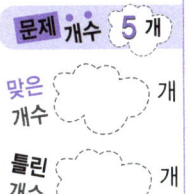

문제 개수 5개

맞은 개수 ◯ 개
틀린 개수 ◯ 개

다음에서 비슷한 뜻끼리 짝지어진 것에는 '='로, 반대의 뜻끼리 짝지어진 것에는 '↔'로 나타내거나, 부호에 알맞게 낱말을 채워 보세요.

자린고비	=	(가)
호강	(나)	고생
동아줄	↔	새끼줄

배고프다	(다)	허기지다
집단	(라)	개인
지저분하다	(마)	단정하다

4 큰 말 작은 말 알기

문제 개수 6개

맞은 개수 ◯ 개
틀린 개수 ◯ 개

낱말의 포함 관계에 따라 '<', 또는 '>'로 나타내고, 그림의 위치에 알맞게 낱말을 넣어 보세요.

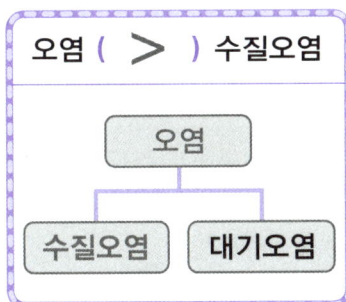

오염 (>) 수질오염

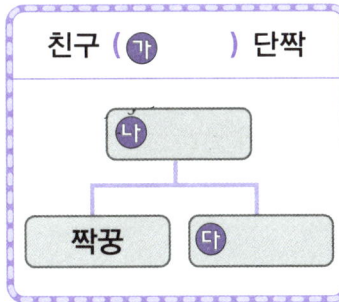

친구 (가) 단짝

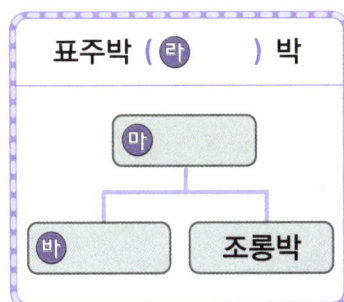

표주박 (라) 박

5 짝을 이루는 말 찾기

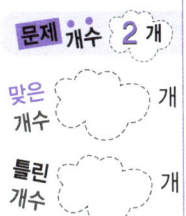

문제 개수 2개

맞은 개수 ◯ 개
틀린 개수 ◯ 개

짝을 이루는 말을 찾아 동그라미 하고, 그 말의 뜻을 보기에서 찾아 번호를 쓰세요.

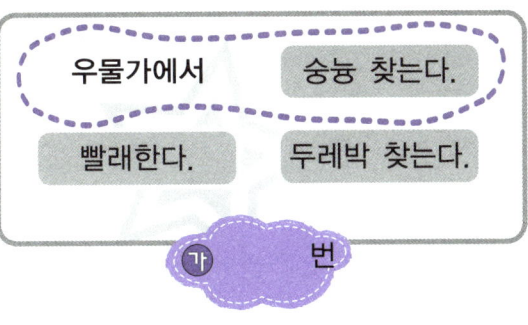

가 번

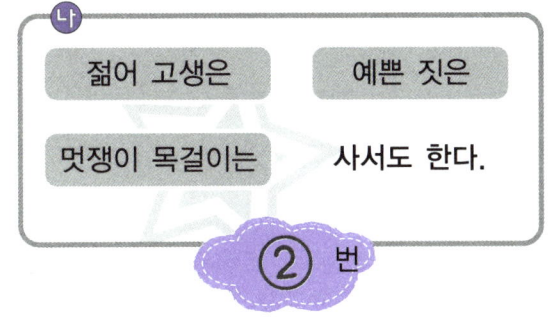

② 번

보기
① 일의 순서와 상관없이 성급하게 군다.
② 젊어서 고생을 해봐야 소중한 것을 안다.

6 낱말 활용하기

다음 가~라의 ( )에 알맞은 낱말을 보기에서 찾아 번호를 쓰고, 마의 질문에 답해 보세요.

문제 개수 4개
맞은 개수 ☁ 개
틀린 개수 ☁ 개

가 아끼고 절약하는 것은 좋지만 (①) 소리를 들을까 염려된다.
나 우물가에서 물을 긷기 위해서는 ( )이/가 꼭 필요하다.
다 엄마는 이모들이 오자 내가 상탄 것을 ( ) 얘기하셨다.
라 기영이와 나는 세상에 둘도 없는 ( )이다.
마 '우물가에서 숭늉 찾는다.'는 어떤 경우에 쓰이는 말인지 써 보세요.

→ _____

보기 ① 구두쇠 ② 저수지 ③ 자랑삼아 ④ 견학 ⑤ 숭늉 ⑥ 두레박 ⑦ 단짝

총 문제 개수 25개 | 총 맞은 개수 ◯ 개 | 총 틀린 개수 ◯ 개

발명은 새로운 것을 만들어 내는 일이지요. 그러나 원래 없던 것을 만들어 내는 일은 아니에요. 우리가 그동안 잘 쓰고 있던 것들 중에서 조금 편리하게 고치는 것, 그것이 바로 발명의 시작이지요.

발명의 기본은 원래의 것에서 '하나 더하기, 하나 빼기'랍니다. 연필에 지우개를 더하면 (+1) 연필 달린 지우개가 되고요, 우리가 흔히 타는 자전거에서 체인을 빼면(-1) 체인 없이도 달리는 자전거가 됩니다.

하나 더하기, 하나 빼기. 이것만 기억하면 여러분도 발명왕이 될 수 있어요.

머리 풀어주는 퍼즐

도전 시간 00 분 20 초 **걸린 시간** 분 초

창의사고력 기초 다지기 연상추리력 쑥~

동물 퍼즐 조각 ❶~❻이 어느 자리에 들어가면 퍼즐이 완성될지 생각하여 번호를 쓰고, 어떤 동물의 퍼즐인지 써 보세요.

이 동물은 　　　　　 입니다.

1 가로세로 낱말찾기 다음 네모에서 알고 있는 낱말을 찾아 동그라미를 해 보세요.

도전시간 7분 30초 걸린시간 분 초

★	고	려	장	사	도	★	백	성	★
나	을	★	날	★	대	궐	★	글	수
그	렁	그	렁	암	행	어	사	다	령
네	★	퉁	명	스	러	운	신	하	인
★	삽	짝	충	성	스	럽	다	★	★

여기서 찾은 낱말로 2~6번 문제를 풀어요!

내가 찾은 낱말 ___ 개

2 낱말뜻 알기 다음 설명이나 그림이 뜻하는 낱말이 무엇인지 빈칸을 채워 보세요.

문제 개수 8개
맞은 개수 ___ 개
틀린 개수 ___ 개

㉮ 예전에 늙고 쇠약한 사람을 구덩이 속에 버려두었다가 죽은 뒤에 장례를 치렀던 풍습 ········· ☐☐장

㉯ 자기 고장을 떠나 다른 곳에 잠시 머물거나 떠도는 사람 ···· 나☐

㉰ 조선시대 크고 작은 마을을 두루 일컬어 부르는 말 ········· ☐을

㉱ 임금이나 국가의 명령을 받고 외국에 사절로 가는 신하 ······· ☐신

㉲ ☐☐어사

㉳ 사☐

㉴ ☐궐

㉵ ☐짝

※ 암행어사는 임금님의 명을 받아 수령을 감시하고 백성들의 어려움을 살피던 관리입니다.

3. 비슷한 말 반대말 알기

다음에서 비슷한 뜻끼리 짝지어진 것에는 '='로, 반대의 뜻끼리 짝지어진 것에는 '↔'로 나타내거나, 부호에 알맞게 낱말을 채워 보세요.

주인	↔	하인
고을	(가)	마을
사또	(나)	원님

임금	(다)	왕
나그네	(라)	토박이
궁궐	=	(마)

4. 큰 말 작은 말 알기

낱말의 포함 관계에 따라 '<', 또는 '>'로 나타내고, 그림의 위치에 알맞게 낱말을 넣어 보세요.

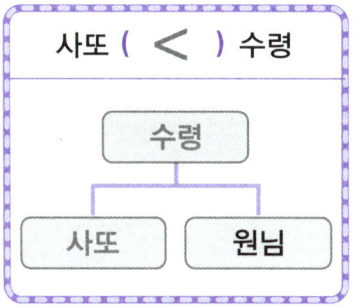

사또 (<) 수령

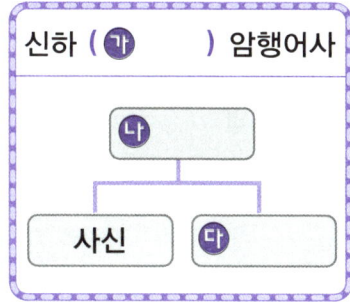

신하 (가) 암행어사

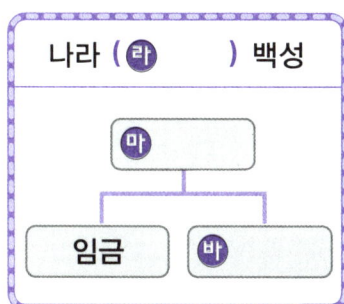

나라 (라) 백성

5. 짝을 이루는 말 찾기

짝을 이루는 말을 찾아 동그라미 하고, 그 말의 뜻을 보기에서 찾아 번호를 쓰세요.

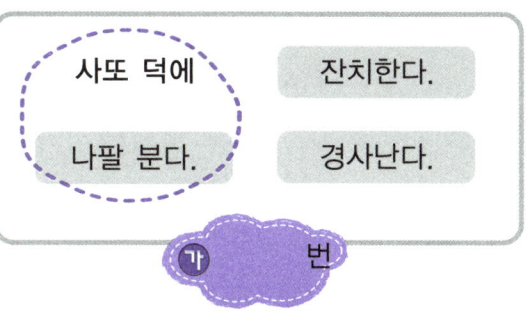

가 번

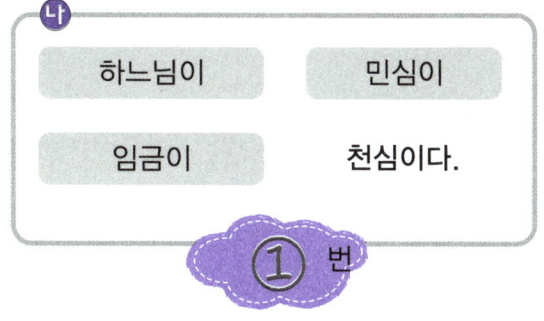

① 번

보기
① 백성의 마음이 곧 하늘의 마음과 같다.
② 남의 덕으로 좋은 대접을 받으며 우쭐대다.

6 낱말 활용하기

다음 가~라의 ( )에 알맞은 낱말을 보기에서 찾아 번호를 쓰고, 마의 질문에 답해 보세요.

문제 개수 4개

맞은 개수 　 개
틀린 개수 　 개

가 (⑤)은/는 나뭇가지를 이어 만든 문으로 표준어로는 사립문이다.

나 옛날 중국과 우리나라는 ( )이/가 오가며 자기 나라 임금의 뜻을 전했다.

다 ( )이/가 된 박문수는 각 ( )을/를 돌아다니며 나쁜 수령들에게 시달리는 ( )이/가 없는지 살펴보았다.

라 산이나 동굴에 늙은 부모를 버려야 했던 ( )은/는 이제는 사라진 풍습이다.

마 '나그네'와 '암행어사'를 넣어 짧은 글을 지어 보세요.

→ _____

보기 ① 고려장 ② 나그네 ③ 사신 ④ 암행어사 ⑤ 삽짝 ⑥ 백성 ⑦ 고을

총 문제 개수 25 개 │ 총 맞은 개수 　 개 │ 총 틀린 개수 　 개

공부 의욕 다지는 **쉼** 어려운 한자 공부, 꼭 해야 할까?

　한자는 이웃나라 중국의 글자입니다. 그렇지만 지금 여러분이 배우는 한자는 우리 옛 조상들의 글자이기도 해요. 세종대왕께서 한글을 만들기 전에는 우리도 한자를 썼기 때문에 우리가 지금 쓰는 낱말에 한자가 많지요. 여러분의 이름도 순수한 한글 이름을 제외하고는 모두 한자로 쓸 수 있잖아요. 한자는 소리 글자인 한글과 달리 뜻글자이기 때문에 글자 안에 다른 뜻을 담고 있어요. 예를 들어 '정현(正賢: 바를 정, 어질 현)'이라는 이름 속에는 '바르고 어질게 자라라'는 뜻을 담고 있는 것이지요.

　이제 한자를 왜 쓰고 배워야 하는지 고개가 끄덕여지나요? 이유를 알고 공부하면 더 재미있게 공부할 수 있어요.

창의사고력 기초 다지기 판단능력 쑥~

도전 시간	걸린 시간
00 분 30 초	분 초

다음 1부터 40까지의 숫자에서 31부터 40까지의 숫자를 찾아서 동그라미 하세요.

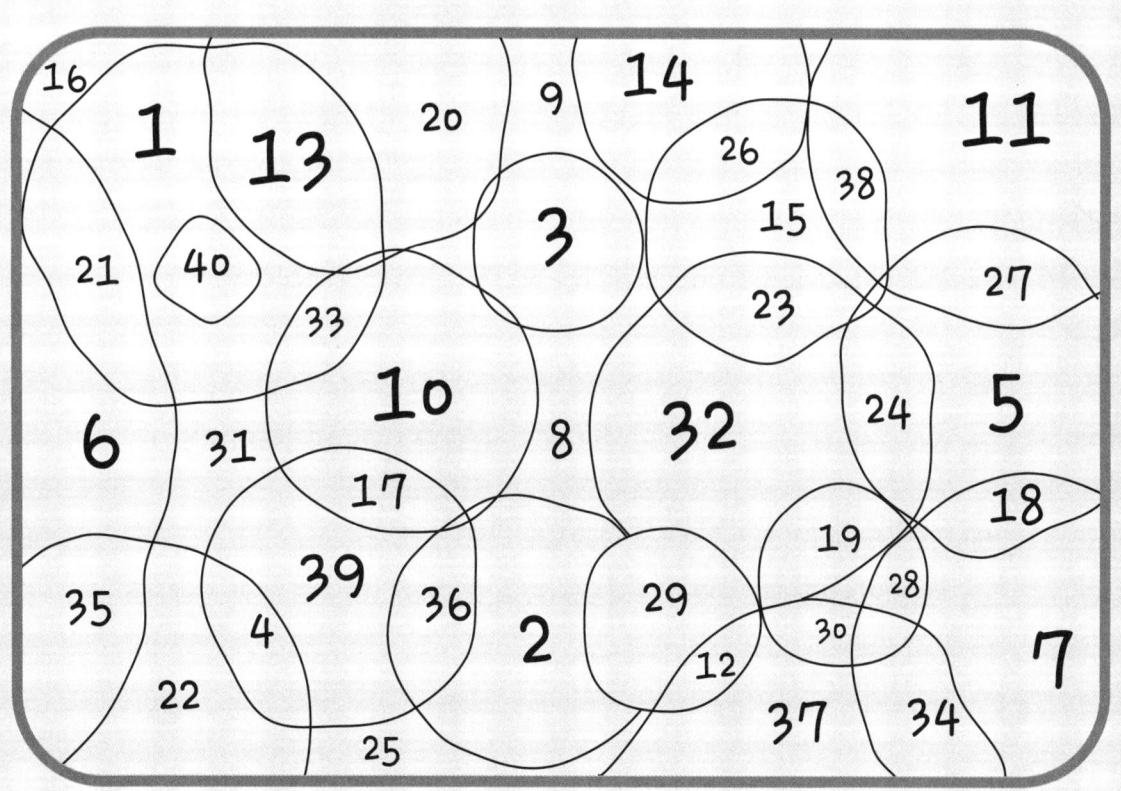

도전시간	걸린시간
7 분 00 초	분 초

1 가로세로 낱말 찾기

다음 네모에서 알고 있는 낱말을 찾아 동그라미를 해 보세요.

여기서 찾은 낱말로 2~6번 문제를 풀어요!

가	뭄	★	홍	★	정	★	장	마	★
태	풍	강	수	량	사	각	형	날	씨
구	측	우	기	도	각	의	꼭	지	점
름	★	량	폭	설	형	변	★	혹	한
★	직	각	삼	각	형	직	사	각	형

내가 찾은 낱말 ___ 개

2 낱말 뜻 알기

다음 설명이나 그림이 뜻하는 낱말이 무엇인지 빈칸을 채워 보세요.

문제 개수 8 개

맞은 개수 ___ 개
틀린 개수 ___ 개

㉮ 비가 내린 양을 재는 기구 ········· ☐ ☐ 기
㉯ 눈과 비를 포함하여 일정기간 동안 하늘에서 내린 물의 양 ·· ☐ ☐ 수
㉰ 여름철에 여러 날 계속해서 비가 내리는 날씨 ············· ☐ 장
㉱ 일정한 지역에서 그날그날에 내리는 비나 구름, 바람 등 대기 상태 ···· ☐ 씨

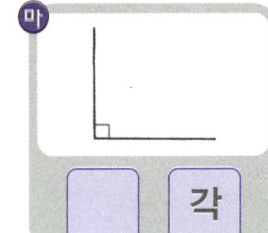 ㉲ ☐ 각

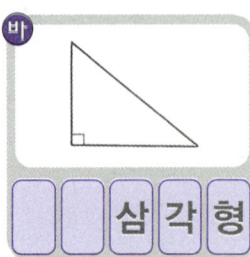 ㉳ ☐ 삼각형

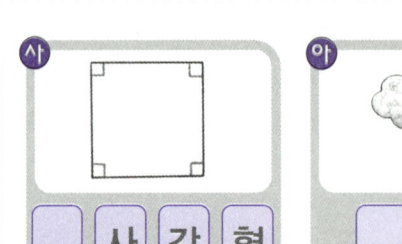 ㉴ ☐ 사각형

 ㉵ ☐ ☐

22

3. 비슷한 말 반대말 알기

다음에서 비슷한 뜻끼리 짝지어진 것에는 '='로, 반대의 뜻끼리 짝지어진 것에는 '↔'로 나타내거나, 부호에 알맞게 낱말을 채워 보세요.

문제 개수 5개

비의 양	=	(가)
가뭄	(나)	홍수
날씨	(다)	일기(日氣)

직각	=	각도 90°
사각형	(라)	네모
폭염	(마)	혹한

4. 큰 말 작은 말 알기

낱말의 포함 관계에 따라 '<', 또는 '>'로 나타내고, 그림의 위치에 알맞게 낱말을 넣어 보세요.

문제 개수 6개

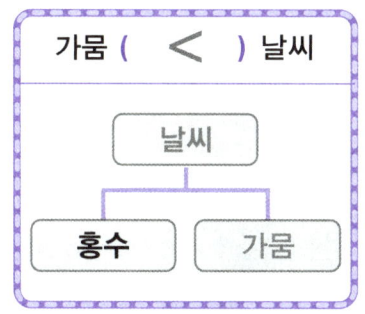
가뭄 (<) 날씨

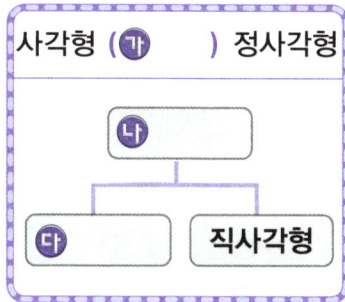
사각형 (가) 정사각형

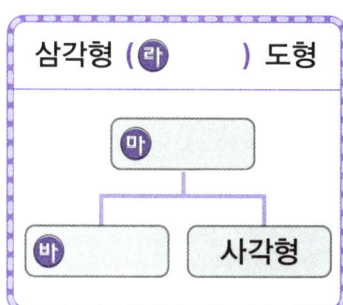
삼각형 (라) 도형

5. 짝을 이루는 말 찾기

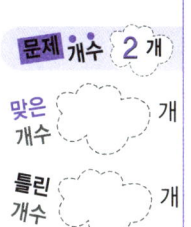

짝을 이루는 말을 찾아 동그라미 하고, 그 말의 뜻을 보기에서 찾아 번호를 쓰세요.

문제 개수 2개

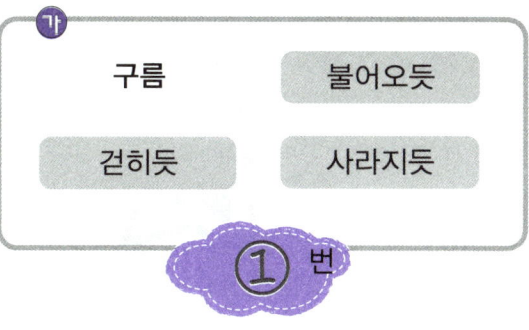
① 번

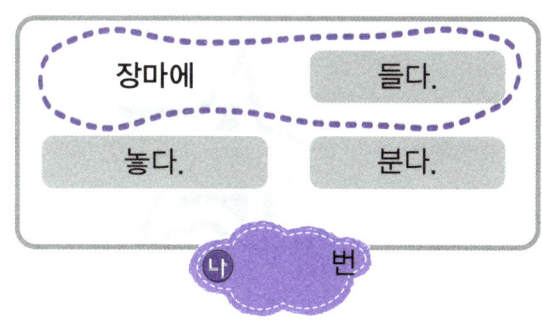
나 번

보기
① 모든 근심거리가 사라짐.
② 장마가 시작되는 것

6 낱말 활용하기

다음 가~라의 ( )에 알맞은 낱말을 보기에서 찾아 번호를 쓰고, 마의 질문에 답해 보세요.

문제 개수 4개
맞은 개수 ___ 개
틀린 개수 ___ 개

가 직각삼각형은 삼각형의 한 꼭지점이 (⑤)인 것을 말한다.
나 측우기는 ( )을/를 측정하기 위해 필요한 기구이다.
다 현장학습을 가는 날은 다른 때보다 더 많이 ( )에 신경을 쓰게 된다.
라 ( ) 끝에 오는 비처럼, 힘든 일도 그 때를 지나면 다시 좋은 일이 생긴다.
마 '구름 걷히듯'을 넣어 짧은 글을 지어 보세요.

→ _____

보기 ① 정사각형 ② 장마 ③ 홍수 ④ 가뭄 ⑤ 직각 ⑥ 강수량 ⑦ 날씨

총 문제 개수 25개 | 총 맞은 개수 ___ 개 | 총 틀린 개수 ___ 개

생각하고 되새기는 '다른 것'과 '틀린 것'

글을 읽고 나서 오늘 공부를 신나게 시작하자고!

몇 해 전, 프랑스의 한 여배우가 우리나라 사람들이 개고기를 먹는 것이 야만적인 행동이라고 이야기한 적이 있어요. 과연 개고기를 먹는 것이 야만적인 행동일까요?

우리나라에서는 예로부터 보신용으로 개고기를 먹었어요. 물론 지금은 집에서 기르던 개를 먹는 것이 아니라 따로 육식용으로 개를 키운답니다. 개고기를 먹는 일에 반감을 가지고 있는 사람도 많지만 무조건 잘못이라고 비난하는 것은 옳지 못한 행동이에요. 그것은 '틀린 것'이 아니라 '다른 것'일 뿐이니까요.

각 나라마다 음식 문화는 모두 다르므로 남에게 어색한 일이 우리에겐 자연스러운 일일 수도 있는 것입니다. 남을 비난하기 전에 한번 생각해 보세요. 그것이 과연 '틀린' 행동인지, 아니면 나와 '다른' 행동인지 말이에요.

도전 시간	걸린 시간
00 분 15 초	분 초

창의사고력 기초 다지기 정보처리능력 쏙~

다음에서 똑같은 그림 2개를 찾아 동그라미 하세요.

1 가로세로 낱말찾기

다음 네모에서 알고 있는 낱말을 찾아 동그라미를 해 보세요.

여기서 찾은 낱말로 2~6번 문제를 풀어요!

기	★	재	래	시	장	싱	싱	한	★
숟	원	료	★	백	터	★	허	기	진
먹	을	거	리	화	★	끼	니	★	반
★	마	트	★	점	야	채	★	과	찬
설	거	지	삼	키	다	음	식	일	★

내가 찾은 낱말 ☁ 개

2 낱말 뜻 알기

다음 설명이나 그림이 뜻하는 낱말이 무엇인지 빈칸을 채워 보세요.

문제 개수 8 개
맞은 개수 ☁ 개
틀린 개수 ☁ 개

- 가) 어떤 물건을 만들 때 들어가는 재료 ……………………… 원 ☐
- 나) 아침, 점심, 저녁과 같이 날마다 일정한 시간에 먹는 음식 …… ☐ 니
- 다) 시장이 서는 장소 ……………………………………… ☐ 터
- 라) 몹시 굶어 기운이 빠진 상태 ……………………………… ☐ 진

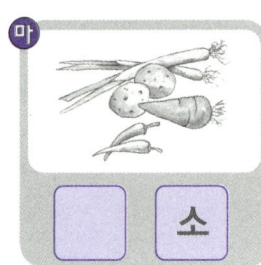
마) ☐ 소

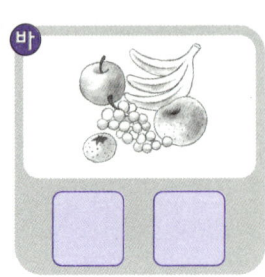
바) ☐ ☐

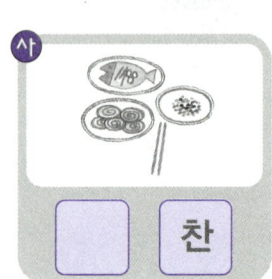
사) ☐ 찬

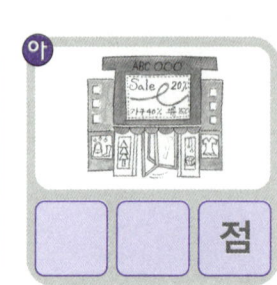
아) ☐ 점

26

3. 비슷한 말 반대말 알기

다음에서 비슷한 뜻끼리 짝지어진 것에는 '='로, 반대의 뜻끼리 짝지어진 것에는 '↔'로 나타내거나, 부호에 알맞게 낱말을 채워 보세요.

문제 개수 6개

먹을거리	(가)	음식
채소	(나)	고기
원료	(다)	재료

싱싱한	(라)	상한
끼니	(마)	식사
채소	=	(바)

4. 큰 말 작은 말 알기

낱말의 포함 관계에 따라 '<', 또는 '>'로 나타내고, 그림의 위치에 알맞게 낱말을 넣어 보세요.

문제 개수 9개

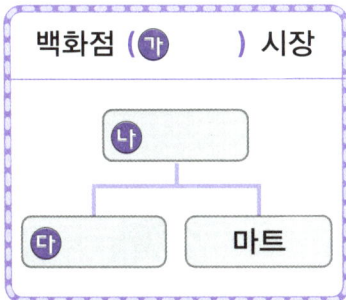
백화점 (가) 시장
나 — 다, 마트

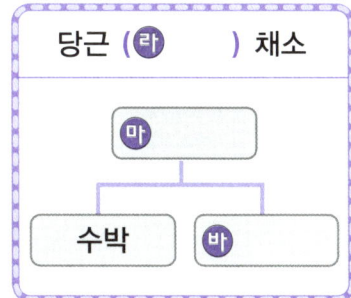
당근 (라) 채소
마 — 수박, 바

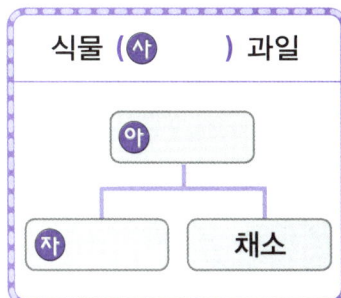
식물 (사) 과일
아 — 자, 채소

5. 짝을 이루는 말 찾기

짝을 이루는 말을 찾아 동그라미 하고, 그 말의 뜻을 보기에서 찾아 번호를 쓰세요.

문제 개수 4개

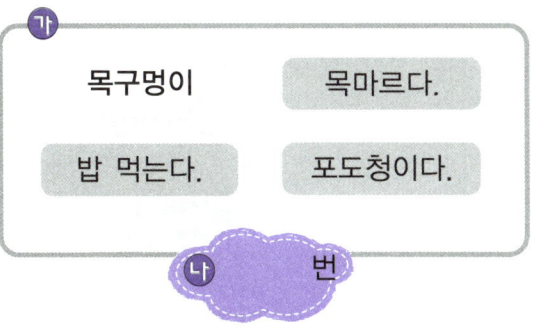
(가) 목구멍이 / 목마르다. / 밥 먹는다. / 포도청이다.
(나) 번

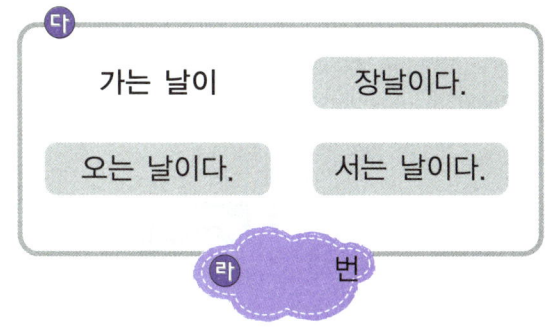
(다) 가는 날이 / 장날이다. / 오는 날이다. / 서는 날이다.
(라) 번

보기
① 어떤 일을 뜻하지 않게 만나다.
② 먹고 살기 위해서는 못하는 일이 없다.

6 낱말 활용하기

다음 ㉮~㉰의 ( )에 알맞은 낱말을 보기 에서 찾아 번호를 쓰고, ㉲의 질문에 답해 보세요.

문제 개수 5개
맞은 개수 ☁ 개
틀린 개수 ☁ 개

㉮ 우리나라는 반도체와 컴퓨터 분야에서 세계적인 ( )을/를 가지고 있다.

㉯ 밥과 ( )을/를 포함한 모든 먹을거리를 ( )(이)라고 한다.

㉰ 학교 급식을 안 먹어서 ( )배에 갑자기 ( )을/를 먹었더니 졸음이 쏟아졌다.

㉱ 엄마는 재래 시장을 좋아하지만 나는 ( )을/를 더 좋아한다.

㉲ '가는 날이 장날' 은 어떤 경우에 쓰이는 말인지 써 보세요.

→ _____

보기 ① 기술   ② 반찬   ③ 음식   ④ 설거지   ⑤ 끼니   ⑥ 마트   ⑦ 허기진

총 문제 개수 32개 | 총 맞은 개수 ◯ 개 | 총 틀린 개수 ◯ 개

좋은 습관 다지는 72 — 주사 맞기 싫어하는 아이

여러분도 일 년에 한두 번은 꼭 주사를 맞지요? 여름엔 뇌염 예방 백신, 겨울엔 독감 예방 백신, 그리고 감염 주사나 홍역 백신을 맞기도 하고요. 주사 바늘의 따끔하고 아픈 기억 때문에 주사 맞기를 싫어하는 친구들도 있지만, 이런 백신이 발명되기 전에 얼마나 많은 사람들이 병으로 고통을 당했는지를 알면 잠깐의 아픔은 쉽게 참을 수 있을 거예요.

우리나라에서 처음 주사를 놓은 분은 지석영 선생님이세요. 그 전에는 수두에 걸려서 죽는 사람이 많았어요. 혹 죽지 않더라도 얼굴에 보기 흉한 상처를 갖게 되었지요. 그러나 소에서 추출한 아주 약한 병원균을 주사하면 다시는 같은 병에 걸리지 않는다는 사실을 알게 되었어요. 주사가 아프더라도 많은 병을 예방할 수 있으니 조금만 참도록 해 보세요.

05회 머리 풀어주는 퍼즐

창의사고력 기초 다지기 계산능력 쑥~

도전 시간 00분 30초
걸린 시간 분 초

사다리를 타고 내려가면서, 같은 모양끼리 계산이 이루어지도록 빈칸을 채워 보세요.

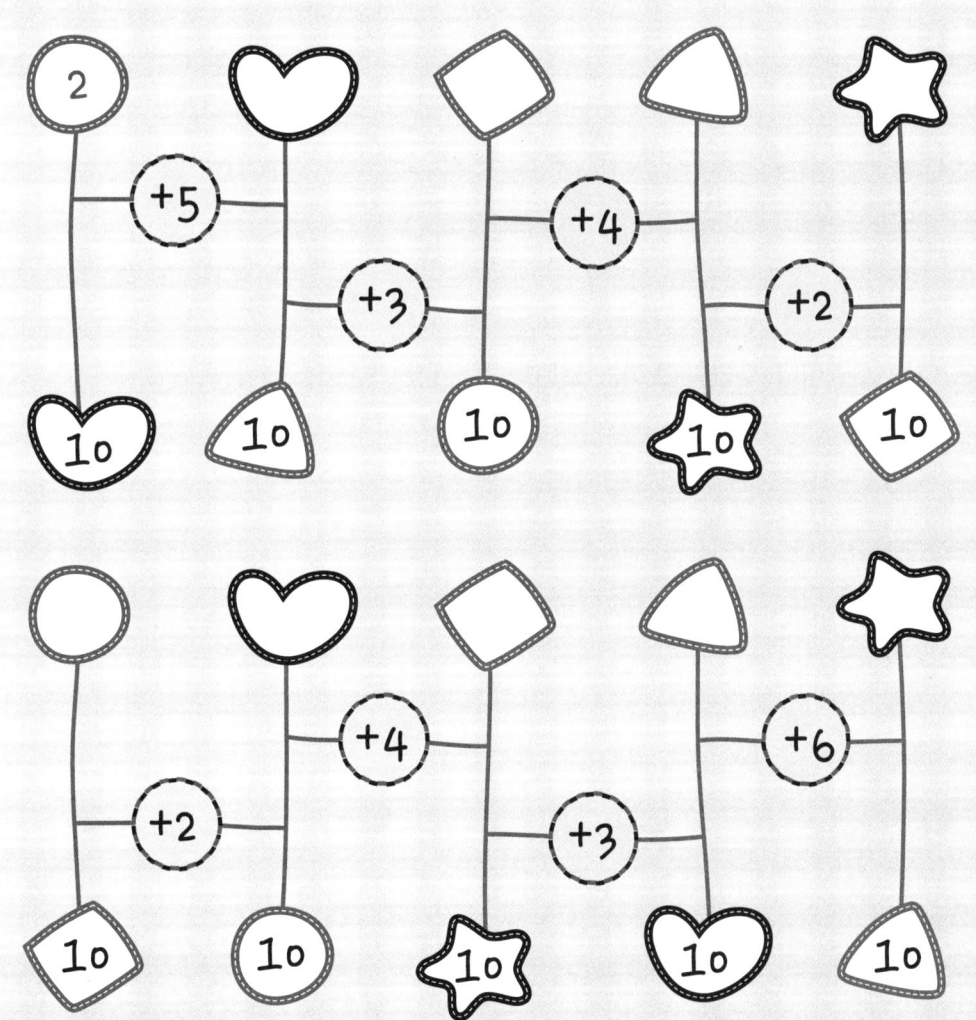

낱말이 쏙 생각이 쑥

도전시간 7분 30초 / 걸린시간 분 초

1 가로세로 낱말 찾기

다음 네모에서 알고 있는 낱말을 찾아 동그라미를 해 보세요.

여기서 찾은 낱말로 2~6번 문제를 풀어요!

강	아	지	구	달	구	지	★	가	축
★	닭	★	유	해	★	망	아	지	사
모	장	볏	★	멍	에	★	씨	암	탉
이	외	양	간	으	르	렁	거	리	다
코	뚜	레	★	돼	지	우	리	여	물

내가 찾은 낱말 ☁ 개

2 낱말 뜻 알기

다음 설명이나 그림이 뜻하는 낱말이 무엇인지 빈칸을 채워 보세요.

문제 개수 8개
맞은 개수 ☁ 개
틀린 개수 ☁ 개

- 가) 닭이나 새 등 날짐승에게 주는 먹이 ········ ☐ 이
- 나) 소, 말, 돼지, 닭, 개 등 집에서 기르는 짐승 ········ ☐
- 다) 말이나 소를 기르기 위해 지은 축사 ········ ☐ 간
- 라) 수레나 쟁기를 끌기 위해 말이나 소의 목에 얹는 구부러진 막대 ···· ☐ 에

마) 닭 ☐

바) ☐ 레

사) 구 ☐

아) ☐ 지

30

3 비슷한 말 반대말 알기

다음에서 비슷한 뜻끼리 짝지어진 것에는 '='로, 반대의 뜻끼리 짝지어진 것에는 '↔'로 나타내거나, 부호에 알맞게 낱말을 채워 보세요.

문제 개수 6개

가축	(가)	야생동물
달구지	(나)	수레
으르렁거리다	(다)	숨죽이다

망아지	(라)	말
닭장	(마)	양계장
돈사(豚舍)	=	(바)

4 큰 말 작은 말 알기

낱말의 포함 관계에 따라 '<', 또는 '>'로 나타내고, 그림의 위치에 알맞게 낱말을 넣어 보세요.

문제 개수 9개

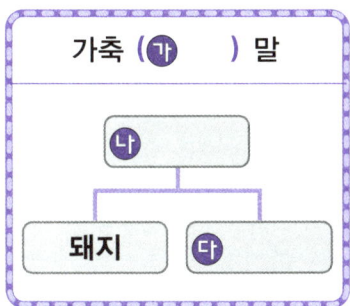
가축 (가) 말

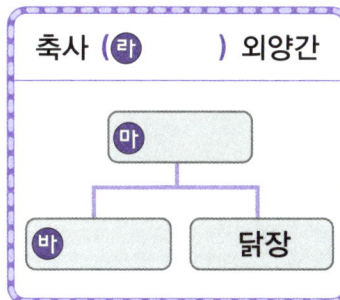
축사 (라) 외양간

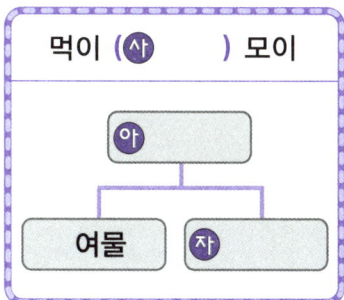
먹이 (사) 모이

5 짝을 이루는 말 찾기

짝을 이루는 말을 찾아 동그라미 하고, 그 말의 뜻을 보기에서 찾아 번호를 쓰세요.

문제 개수 4개

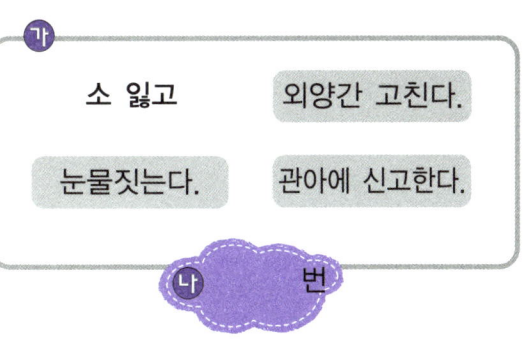

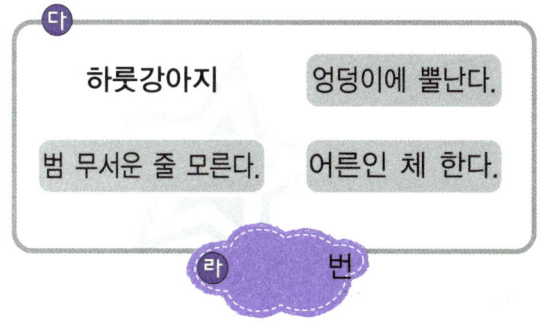

보기
① 철없이 함부로 덤비는 경우를 빗대어 말하다.
② 일이 잘못된 뒤에는 손을 써도 소용이 없다.

6 낱말 활용하기

다음 가~라의 ( )에 알맞은 낱말을 보기 에서 찾아 번호를 쓰고, 마의 질문에 답해 보세요.

문제 개수 5개
맞은 개수 ☁ 개
틀린 개수 ☁ 개

- 가 아버지는 닭장에 나뭇가지를 가로질러 닭이 올라앉도록 (　　)을/를 만들어 주셨다.
- 나 코에는 (　　)을/를 한 소가 등에 (　　)을/를 메고 (　　)을/를 끌고 가는 모습이 불쌍해 보였다.
- 다 엄마가 여물을 (　　)에 부어 주자, 소가 허기진 듯 급하게 먹기 시작했다.
- 라 아파트인 우리 집은 돼지나 닭 같은 (　　)을/를 기르기에 적당하지 않다.
- 마 '하룻강아지 범 무서운 줄 모른다.'는 어떤 경우에 쓰이는 말인지 써 보세요.

→ _____

보기 ① 멍에   ② 달구지   ③ 가축   ④ 돼지우리   ⑤ 코뚜레   ⑥ 구유   ⑦ 홰

총 문제 개수 (32)개 │ 총 맞은 개수 (　)개 │ 총 틀린 개수 (　)개

학교 앞 문구점에서 파는 알록달록 진한 색깔의 사탕들, 100원 짜리 아이스크림, 달디 단 음료수……. 여러분도 한 번쯤은 무심코 사 먹은 기억이 있지요? 이런 식품에는 맛과 모양을 좋게 하거나 보관을 오래 하기 위해서 '식품 첨가물'이라는 인공 조미료가 들어갑니다. 이것은 건강에 해가 될 뿐 아니라 암과 같은 무시무시한 병을 일으킬 수도 있어요.

한참 성장하는 나이에 이런 식품 첨가물을 많이 먹으면 성장 발달에 좋지 않아요. 항상 내 몸으로 들어가는 음식은 안전한지 아닌지 꼭 따져보고 먹는 습관을 기르도록 하세요.

06회 머리 풀어주는 퍼즐

도전 시간 00분 15초 걸린 시간 분 초

창의사고력 기초 다지기 주의집중력 쑥~

세 개의 선이 만나는 점에 동그라미 하고 몇 개인지 세어 보세요.

보기
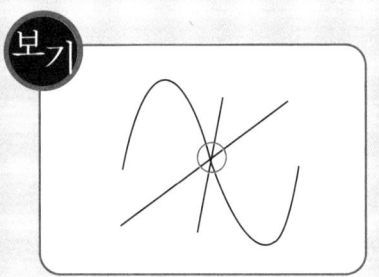

 개

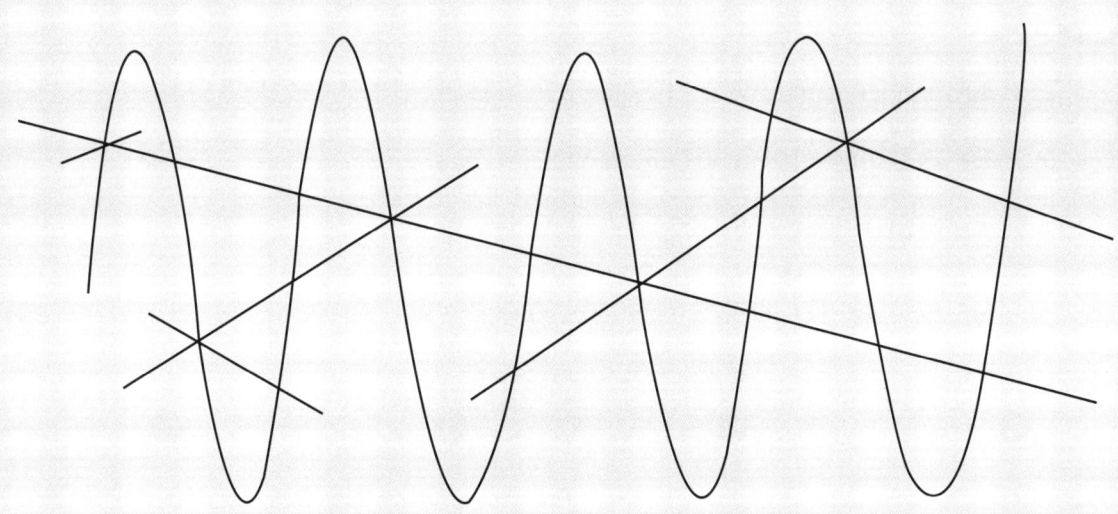

1 가로세로 낱말 찾기

다음 네모에서 알고 있는 낱말을 찾아 동그라미를 해 보세요.

여기서 찾은 낱말로 2~6번 문제를 풀어요!

분	자	★	알	콜	램	프	에	어	컨
모	★	플	라	스	크	선	풍	기	★
★	기	온	★	비	커	★	냉	장	고
가	★	도	점	화	기	난	방	치	★
열	메	스	실	린	더	로	백	엽	상

내가 찾은 낱말 ____ 개

2 낱말 뜻 알기

다음 설명이나 그림이 뜻하는 낱말이 무엇인지 빈칸을 채워 보세요.

문제 개수 8개
맞은 개수 ____ 개
틀린 개수 ____ 개

- 가) 수학의 분수식에서 가로줄 아래 있는 수 ········ □□
- 나) 건물이나 방안을 따뜻하게 만드는 것 ········ □ 방
- 다) 어떤 목적에 따라 일을 하도록 만든 기계나 도구 ········ □ 치
- 라) 불을 붙이기 위하여 사용하는 기계 ········ □□ 기

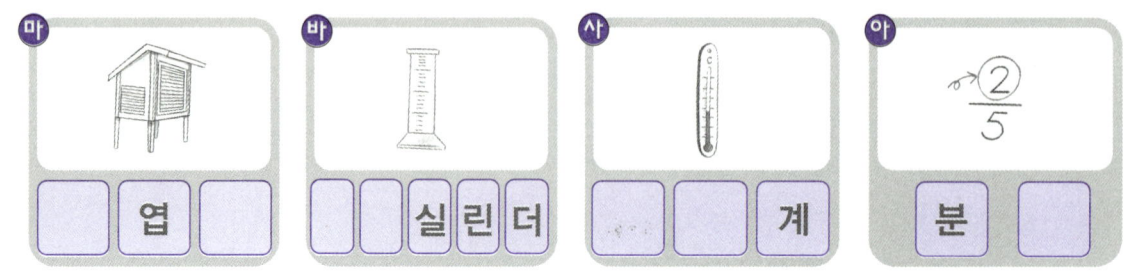

마) □ 엽 □
바) □ 실린더
사) □ □ 계
아) □ 분 □

34

3 비슷한 말 반대말 알기

다음에서 비슷한 뜻끼리 짝지어진 것에는 '='로, 반대의 뜻끼리 짝지어진 것에는 '↔'로 나타내거나, 부호에 알맞게 낱말을 채워 보세요.

난방	↔	(가)
분자	(나)	분모
가열	(다)	끓임

점화기	(라)	소화기
장치	(마)	설비
난로	(바)	에어컨

4 큰 말 작은 말 알기

낱말의 포함 관계에 따라 '<', 또는 '>'로 나타내고, 그림의 위치에 알맞게 낱말을 넣어 보세요.

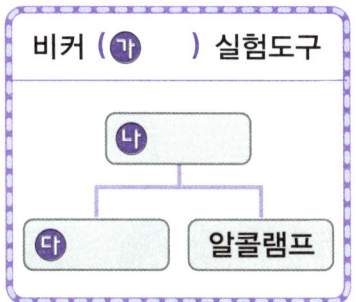
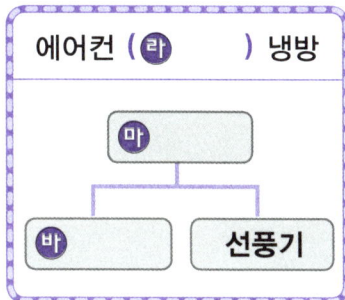
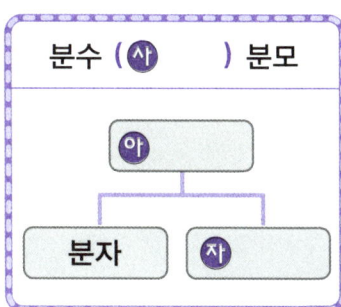

5 짝을 이루는 말 찾기

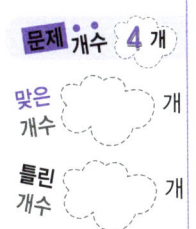

짝을 이루는 말을 찾아 동그라미 하고, 그 말의 뜻을 보기 에서 찾아 번호를 쓰세요.

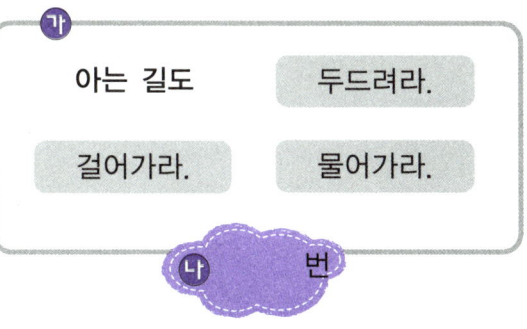
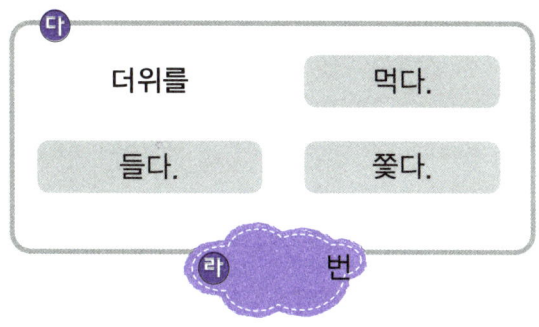

보기
① 쉬운 일도 신중하게 해야 한다.
② 햇볕에 오래 있어서 병이 생긴다.

35

6 낱말 활용하기

다음 ㉮~㉱의 ( )에 알맞은 낱말을 보기에서 찾아 번호를 쓰고, ㉲의 질문에 답해 보세요.

㉮ 수학에서 1보다 작은 수는 (　　　)로 나타낼 수 있다.

㉯ 알코올램프는 (　　　)을/를 하기 위한 실험 도구이다.

㉰ 날이 추워 (　　　)이/가 내려가자, 어머니는 거실에 (　　　)을/를 켜셨다.

㉱ 에어컨이 고장났는지 (　　　)이/가 시원치 않았다.

㉲ '더위를 먹다.'를 넣어 짧은 글을 지어 보세요.

→ _____

보기 ① 분수　② 온도　③ 난방　④ 냉방　⑤ 점화기　⑥ 난로　⑦ 가열

총 문제 개수 32개 ┆ 총 맞은 개수 ◯ 개 ┆ 총 틀린 개수 ◯ 개

좋은 습관 다지는 72

칼슘 도둑 콜라의 비밀

햄버거, 피자를 먹을 때 빠지지 않는 음료는 무엇이 있을까요? 딩동댕! 정답은 바로 톡 쏘는 맛이 매력인 콜라예요. 기름기가 많은 느끼한 음식과 콜라를 먹으면 속이 개운한 느낌이 들지요. 이것은 콜라 속에 섞인 공기 방울이 입안을 자극하기 때문이에요.

그런데 콜라 속에는 너무 많은 당분과 설탕이 들어 있어서 칼로리가 높고, 또 많이 먹으면 이가 상하게 됩니다. 게다가 콜라 속에 녹아 특유의 맛을 내는 '인산' 이라는 물질은 우리 몸의 칼슘을 빼앗는 도둑이랍니다. 콜라를 많이 먹으면 뼈가 녹는다는 말은 바로 칼슘을 빼앗아가기 때문에 나온 것이지요.

건강을 생각한다면 콜라보다는 주스를, 주스보다는 우유를 마시도록 하세요. 뼈 건강에 훨씬 큰 도움이 될 것입니다.

머리 풀어주는 퍼즐

도전 시간	걸린 시간
00 분 15 초	분 초

창의사고력 기초 다지기 연상추리력

다음 중 오른쪽을 바라보는 새를 골라 동그라미 하세요.

도전시간 7 분 20 초 걸린시간 　분　초

1 가로세로 낱말 찾기

다음 네모에서 알고 있는 낱말을 찾아 동그라미를 해 보세요.

여기서 찾은 낱말로 2~6번 문제를 풀어요!

끄	트	머	리	★	오	두	막	초	★
★	창	대	들	보	막	★	너	가	★
기	문	짝	★	마	살	기	와	★	모
둥	★	투	막	루	이	판	자	집	퉁
통	나	무	아	랫	목	문	지	방	이

내가 찾은 낱말 　개

2 낱말뜻 알기

다음 설명이나 그림이 뜻하는 낱말이 무엇인지 빈칸을 채워 보세요.

문제 개수 8개
맞은 개수 　개
틀린 개수 　개

㉮ 어떤 것의 맨 끝부분 ················ 끄 □ □ □
㉯ 기둥과 기둥 사이를 가로질러서 양쪽을 버티는 큰 기둥 ··· □ □ 보
㉰ 사람이 겨우 들어가 살 정도로 작게 지은 작고 초라한 집 ·· □ □ 막
㉱ 온돌방에서 아궁이 가까운 쪽의 따뜻한 방바닥 ········· □ □ 목

㉲ 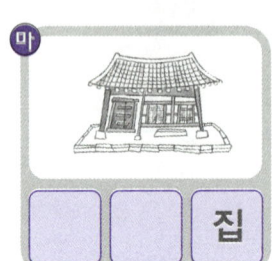 □ □ 집

㉳  □ □ 집

㉴  □ □ 집

㉵  □ □ 집

38

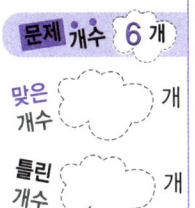

3. 비슷한 말 반대말 알기

문제 개수 6개
맞은 개수 ___ 개
틀린 개수 ___ 개

다음에서 비슷한 뜻끼리 짝지어진 것에는 '='로, 반대의 뜻끼리 짝지어진 것에는 '↔'로 나타내거나, 부호에 알맞게 낱말을 채워 보세요.

오두막	(가)	오막살이
아랫목	(나)	윗목
끄트머리	(다)	한복판

귀퉁이	=	(라)
초가집	(마)	초가
통나무	(바)	통목

4. 큰 말 작은 말 알기

문제 개수 9개
맞은 개수 ___ 개
틀린 개수 ___ 개

낱말의 포함 관계에 따라 '<', 또는 '>'로 나타내고, 그림의 위치에 알맞게 낱말을 넣어 보세요.

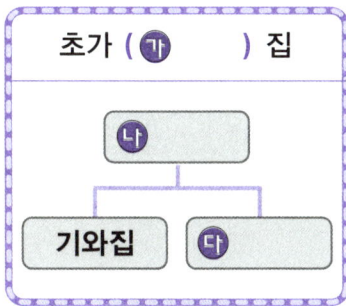

초가 (가) 집

나
├ 기와집
└ 다

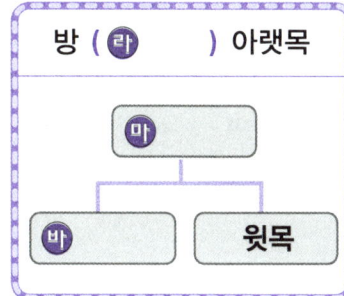

방 (라) 아랫목

마
├ 바
└ 윗목

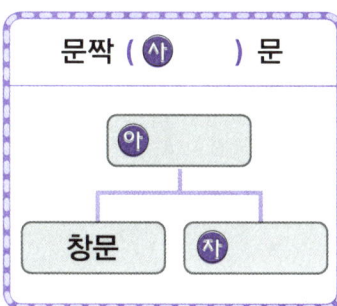

문짝 (사) 문

아
├ 창문
└ 자

5. 짝을 이루는 말 찾기

문제 개수 4개
맞은 개수 ___ 개
틀린 개수 ___ 개

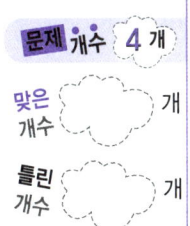

짝을 이루는 말을 찾아 동그라미 하고, 그 말의 뜻을 보기에서 찾아 번호를 쓰세요.

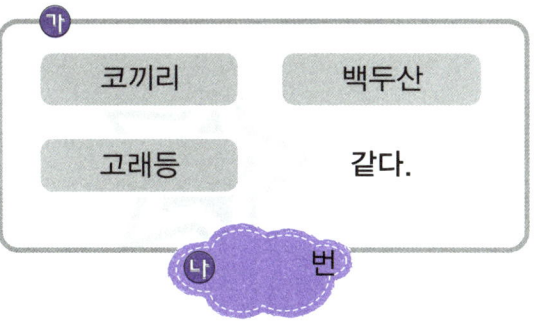

가: 코끼리, 백두산, 고래등, 같다.
(나) 번

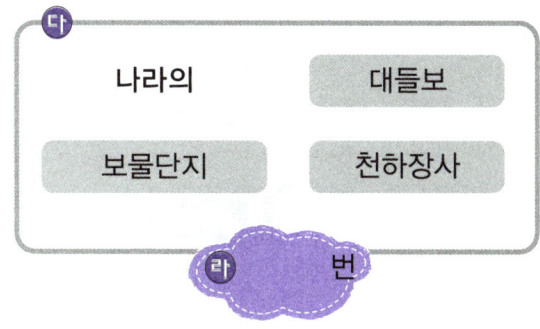

다: 나라의, 대들보, 보물단지, 천하장사
(라) 번

보기
① 한 나라를 이끌고 나갈 만큼 중요한 사람
② 기와집이 높고 큰 것을 이르는 말

6 낱말 활용하기

다음 가~라의 ( )에 알맞은 낱말을 보기에서 찾아 번호를 쓰고, 마의 질문에 답해 보세요.

문제 개수 5개
맞은 개수 ___개
틀린 개수 ___개

가 울릉도처럼 눈이 많이 내리는 곳에서는 눈이 집안으로 들이치지 못하도록 옥수수대 등을 이어 ( )을/를 만든다.

나 예전에는 어른들이 오시면 따뜻한 ( )을/를 내어 드렸다.

다 문 아래에 나무를 넣어 문과 닿도록 만든 것을 ( )이라고 한다.

라 기찻길 옆 ( ), 아기 아기 잘도 잔다.

마 '초가집'을 넣어 짧은 글을 지어 보세요.

→ _____

보기 ① 아랫목 ② 모퉁이 ③ 너와 ④ 문지방 ⑤ 초가집 ⑥ 투막 ⑦ 오막살이

총 문제 개수 32개 | 총 맞은 개수 ___개 | 총 틀린 개수 ___개

여러분은 친구들과 만나면 주로 무엇을 하나요? 텔레비전을 보거나 컴퓨터 게임을 하면서 시간을 보내고 있지는 않은가요? 게임을 하거나 텔레비전을 보는 일은 혼자서도 할 수 있는 일이에요. 게임을 하는 동안은 친구와 친밀한 대화를 나눌 시간이 줄어들지요. 그러니 애써 만난 보람도, 만날 이유도 없어지지요.

친구와 만나서 무엇을 하고 놀까 궁리해 보세요. 함께 인라인 스케이트를 타거나, 운동장에 나가 축구를 하는 것도 좋아요. 아니면 신나게 수다를 떠는 것도 재미있어요. 친구와 얼굴을 마주하고 자꾸 이야기하다 보면 또 다른 친구의 모습이 보일 거예요. 함께 보내는 시간의 소중함, 그것은 노력할 때 더 값지다는 것을 기억하세요.

08회 머리 풀어주는 퍼즐

창의사고력 기초 다지기 판단능력 쑥~

도전 시간 00분 15초 / 걸린 시간 분 초

눈동자가 요리조리 퍼즐을 나가려고 살펴보고 있네요. 눈동자가 움직이는 데로 따라가며 선을 긋고, 이 퍼즐을 탈출해 보세요.

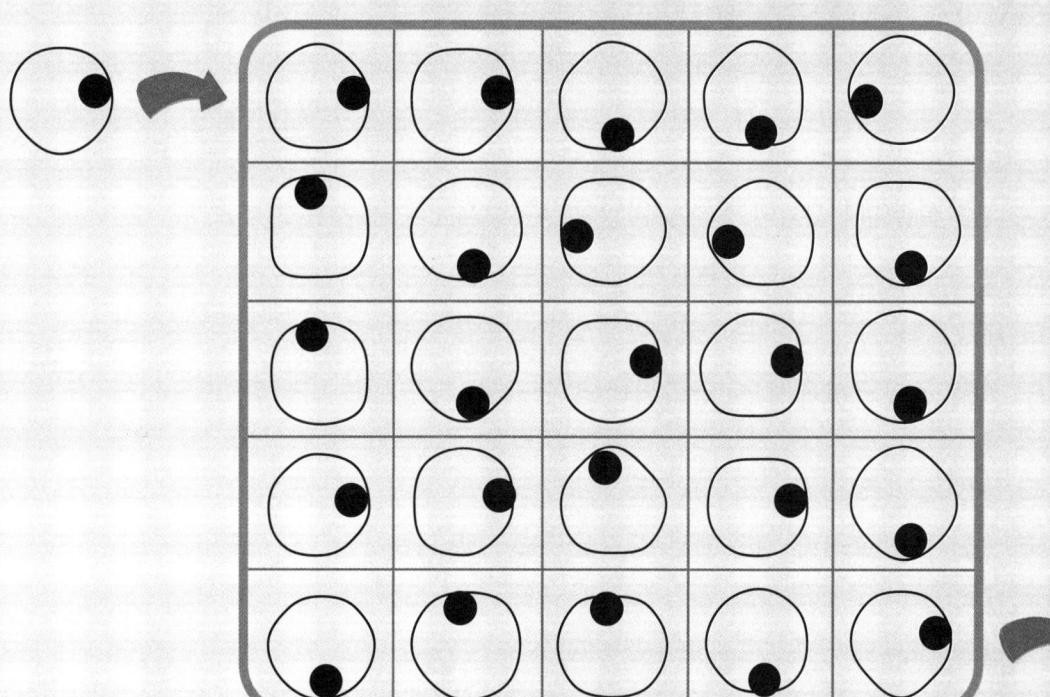

1 가로세로 낱말 찾기

다음 네모에서 알고 있는 낱말을 찾아 동그라미를 해 보세요.

★	정	류	장	★	부	두	화	물	선
교	고	속	버	스	승	★	비	행	기
통	대	합	실	★	강	전	여	★	차
수	★	완	배	소	장	동	객	공	승
단	직	행	터	미	널	차	기	항	차

여기서 찾은 낱말로 2~6번 문제를 풀어요!

내가 찾은 낱말 ___ 개

2 낱말 뜻 알기

다음 설명이나 그림이 뜻하는 낱말이 무엇인지 빈칸을 채워 보세요.

문제 개수 8개
맞은 개수 ___ 개
틀린 개수 ___ 개

- ㉮ 배를 대어 사람과 짐이 뭍으로 오르내릴 수 있도록 만들어 놓은 곳 ‥ ☐☐
- ㉯ 공공시설에서 손님이 기다리며 머물 수 있도록 마련한 곳 ‥ ☐합☐
- ㉰ 사람을 태우거나 내려주기 위해 버스가 머무는 일정한 장소 ‥ ☐류☐
- ㉱ 정거장이나 정류장에서 차를 타고 내리는 곳 ‥‥‥‥‥ ☐강☐

㉲  고속 ☐☐

㉳ 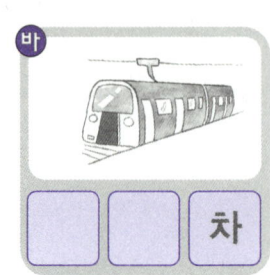 ☐☐차

㉴  ☐☐☐

㉵ 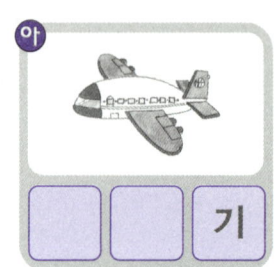 ☐☐기

42

3. 비슷한 말 반대말 알기

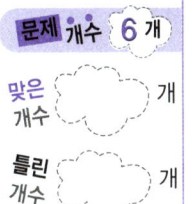

다음에서 비슷한 뜻끼리 짝지어진 것에는 '='로, 반대의 뜻끼리 짝지어진 것에는 '↔'로 나타내거나, 부호에 알맞게 낱말을 채워 보세요.

전동차	(가)	지하철
하차	↔	(나)
정류장	(다)	정류소

배	(라)	선박
직행	(마)	완행
터미널	(바)	종점

4. 큰 말 작은 말 알기

낱말의 포함 관계에 따라 '<', 또는 '>'로 나타내고, 그림의 위치에 알맞게 낱말을 넣어 보세요.

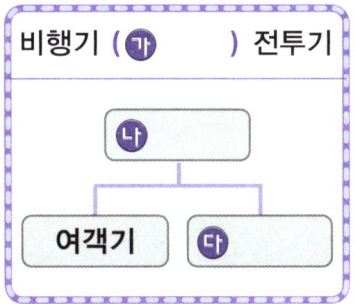
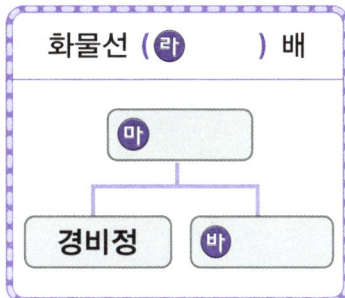
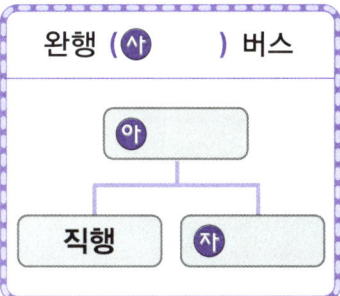

5. 짝을 이루는 말 찾기

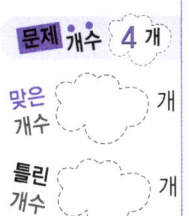

짝을 이루는 말을 찾아 동그라미 하고, 그 말의 뜻을 보기 에서 찾아 번호를 쓰세요.

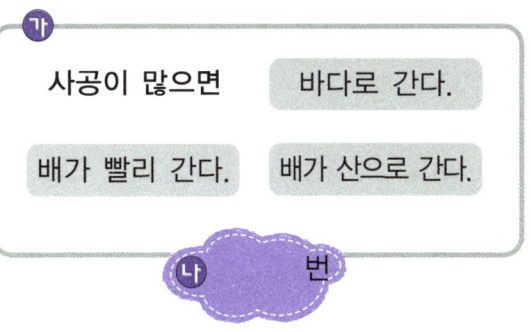
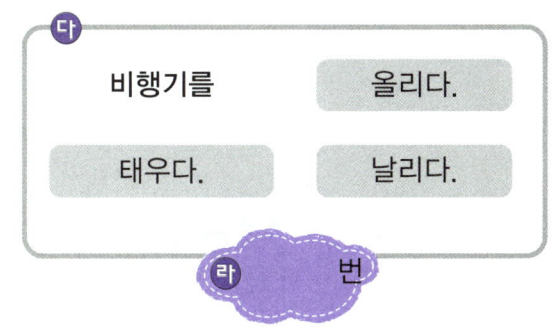

보기
① 서로 자기 주장만 내세우면 일이 제대로 되기 어렵다.
② 남을 지나치게 칭찬하거나 높이 추어 올려 주다.

6 낱말 활용하기

다음 가~라의 ( )에 알맞은 낱말을 보기에서 찾아 번호를 쓰고, 마의 질문에 답해 보세요.

문제 개수 5개

맞은 개수 ___ 개
틀린 개수 ___ 개

가 ( )는 고속도로에서 버스전용차선으로 달리기 때문에 빨리 갈 수 있다.

나 우리나라에서 외국으로 가려면 배나 ( )을/를 타야 한다.

다 작은 섬에 사는 사람들은 주로 ( )을/를 이용해 육지로 나온다.

라 ( ) 버스는 목적지에 한 번에 가는 것이 아니라 중간 중간 섰다가 가는 버스다.

마 '사공이 많으면 배가 산으로 간다.' 는 어떤 경우에 쓰이는 말인지 써 보세요.

→ _____

보기 ① 배 ② 부두 ③ 전동차 ④ 비행기 ⑤ 고속버스 ⑥ 완행 ⑦ 기차

총 문제 개수 32개 | 총 맞은 개수 ___ 개 | 총 틀린 개수 ___ 개

공부 의욕 다지는 **7교시** 두뇌 감각을 키우는 말잇기 놀이

- 원숭이 엉덩이는 빨-개, 빨가면 사과, 사과는 맛있어, 맛있으면 바나나, 바나나는 길어, 길면 비행기……
- 리 리 리 자로 끝나는 말은? 미나리, 개나리, 개구리, 소쿠리, 오리 항아리.

어렸을 적에는 이런 말 이어가기 노래를 많이 불렀지요? 심심할 때는 가족이나 친구와 함께 '끝말 이어가기 놀이' 나, '-으로 끝나는 말 찾기 놀이' 를 해 보세요. 놀이를 통해서 새로운 낱말도 알게 되고, 두뇌에 있는 언어 감각 영역을 활발하게 하는 데도 큰 도움이 된답니다. 한동안 유행하던 '쿵쿵따 놀이' 도 재미있겠죠? 쿵쿵따 놀이는 앞에 나온 낱말의 맨 끝 자에서 말을 이어가는 놀이에요. 단, 세 글자로 된 낱말이어야만 하고, 말을 더 이상 잇지 못하는 사람이 지는 규칙이 있어요.

창의사고력 기초 다지기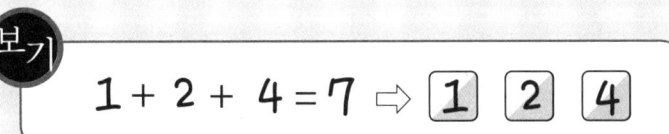

가로 또는 세로로 있는 숫자 세 개의 합이 7인 숫자들의 묶음을 모두 찾아 동그라미 하세요.

보기

1 + 2 + 4 = 7 ⇨ [1] [2] [4]

4	3	0	9	6	7
5	9	1	8	0	4
0	2	7	6	7	3
9	2	5	3	1	3
7	4	2	8	9	0
5	1	0	3	8	4

도전시간 8분 20초 걸린시간 　분　초

1 가로세로 낱말찾기

다음 네모에서 알고 있는 낱말을 찾아 동그라미를 해 보세요.

여기서 찾은 낱말로 2~6번 문제를 풀어요!

물	고	기	★	플	랑	크	톤	어	항
비	늘	홍	자	리	값	지	해	류	★
★	갈	조	★	전	체	느	산	옆	줄
적	조	류	부	레	★	러	물	★	★
★	류	★	분	아	가	미	해	조	류

내가 찾은 낱말 　개

2 낱말뜻 알기

다음 설명이나 그림이 뜻하는 낱말이 무엇인지 빈칸을 채워 보세요.

문제 개수 8개
맞은 개수 　개
틀린 개수 　개

- 가) 어류의 몸에 있는 작은 공기주머니로 뜨고 가라앉는 것을 조절 … □ 레
- 나) 놓인 자리에 따라 숫자가 나타내는 값이 달라지는 것 … □□ 값
- 다) 물속에서 물결에 따라 떠다니는 미생물 … 플 □□□
- 라) 엽록소가 있어 녹색을 띤 해초로, 파래, 청각 등이 있음 … □□ 류

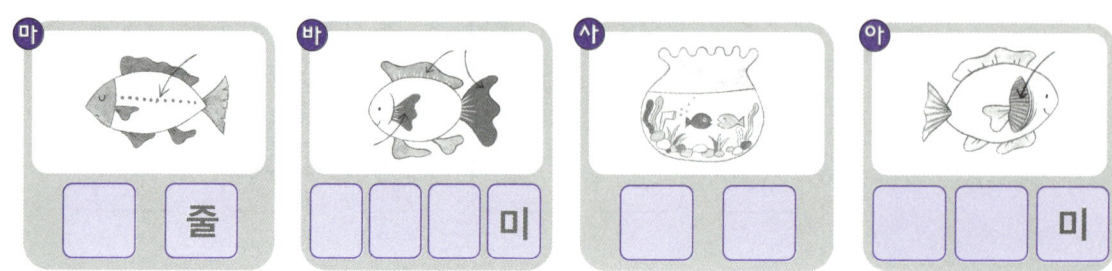

마) □ 줄　바) □□ 미　사) 어 □　아) □□ 미

3 비슷한 말 반대말 알기

문제 개수 6개
맞은 개수 ☁ 개
틀린 개수 ☁ 개

다음에서 비슷한 뜻끼리 짝지어진 것에는 '='로, 반대의 뜻끼리 짝지어진 것에는 '↔'로 나타내거나, 부호에 알맞게 낱말을 채워 보세요.

부분	↔	(가)
어항	(나)	수족관
해산물	(다)	농산물

어류	(라)	어족(魚族)
미역	(마)	갈조류
김, 우뭇가사리	(바)	홍조류

4 큰 말 작은 말 알기

문제 개수 9개
맞은 개수 ☁ 개
틀린 개수 ☁ 개

낱말의 포함 관계에 따라 '<', 또는 '>'로 나타내고, 그림의 위치에 알맞게 낱말을 넣어 보세요.

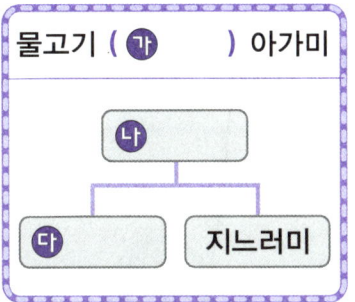

물고기 (가   ) 아가미
나
다 / 지느러미

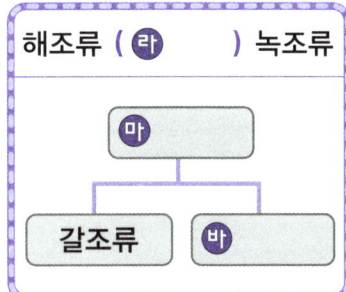

해조류 (라   ) 녹조류
마
갈조류 / 바

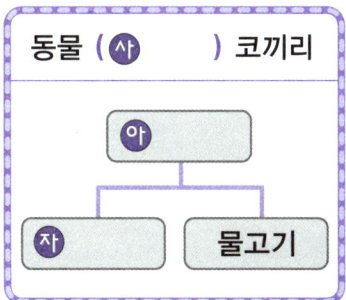

동물 (사   ) 코끼리
아
자 / 물고기

5 짝을 이루는 말 찾기

문제 개수 4개
맞은 개수 ☁ 개
틀린 개수 ☁ 개

짝을 이루는 말을 찾아 동그라미 하고, 그 말의 뜻을 보기 에서 찾아 번호를 쓰세요.

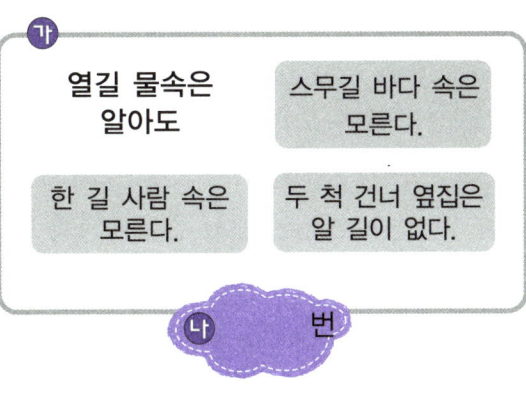

가
- 열 길 물속은 알아도
- 스무 길 바다 속은 모른다.
- 한 길 사람 속은 모른다.
- 두 척 건너 옆집은 알 길이 없다.

(나   ) 번

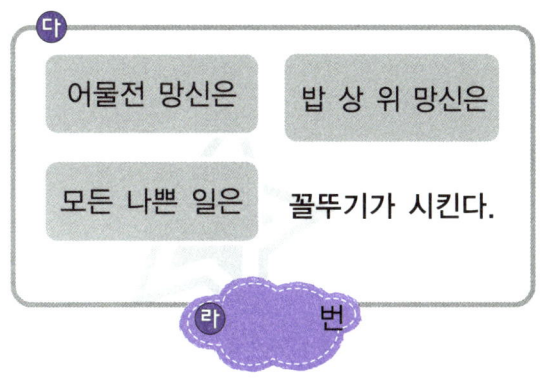

다
- 어물전 망신은
- 밥 상 위 망신은
- 모든 나쁜 일은
- 꼴뚜기가 시킨다.

(라   ) 번

보기
① 사람의 마음은 알기가 어렵다.
② 어떤 부분이 전체를 망신스럽게 한다.

6 낱말 활용하기

다음 ㉮~㉱의 ( )에 알맞은 낱말을 보기에서 찾아 번호를 쓰고, ㉲의 질문에 답해 보세요.

문제 개수 5개
맞은 개수 ○개
틀린 개수 ○개

㉮ 동생은 금붕어를 키우기 위해 ( )을/를 샀다.
㉯ 우리 반 기영이가 학교 ( )을/를 대표해서 웅변 대회에 나갔다.
㉰ 미역이나 다시마는 해조류 중에 ( )에 속한다.
㉱ 사람은 허파로 숨을 쉬고, 물고기는 ( )로 숨을 쉰다.
㉲ '어물전 망신은 꼴뚜기가 시킨다.'는 어떤 경우에 쓰이는 말인지 써 보세요.
→ _____

보기 ① 아가미 ② 어항 ③ 해조류 ④ 전체 ⑤ 자리값 ⑥ 갈조류 ⑦ 옆줄

총 문제 개수 32개 | 총 맞은 개수 ○개 | 총 틀린 개수 ○개

오른손과 왼손

여러분은 오른손잡이인가요, 왼손잡이인가요? 요즘은 오른손과 왼손을 따지는 일이 많지 않지만 예전에는 어른들 앞에서 왼손으로 밥을 먹는 것은 예절에 어긋난 것이었답니다. 이것은 옛날부터 우리나라에 내려오던 '존우비좌'의 풍습 때문입니다. 존우비좌란 오른쪽을 귀하게 여기고 왼쪽을 천하게 여긴다는 뜻입니다.

그래서 옛날 선비들은 갓을 쓰거나 수염을 쓰다듬고 밥을 먹는 것처럼 얼굴이나 머리에 손을 대는 경우에는 오른손만 사용하였습니다. 반대로 천하다고 생각하는 일에는 왼손을 사용했답니다.

머리 풀어주는 퍼즐

도전 시간 00분 30초 / 걸린 시간 분 초

창의사고력 기초 다지기 · 계산능력 쑥~

사다리를 타고 내려가면서, 같은 모양끼리 계산이 이루어지도록 빈칸을 채워 보세요.

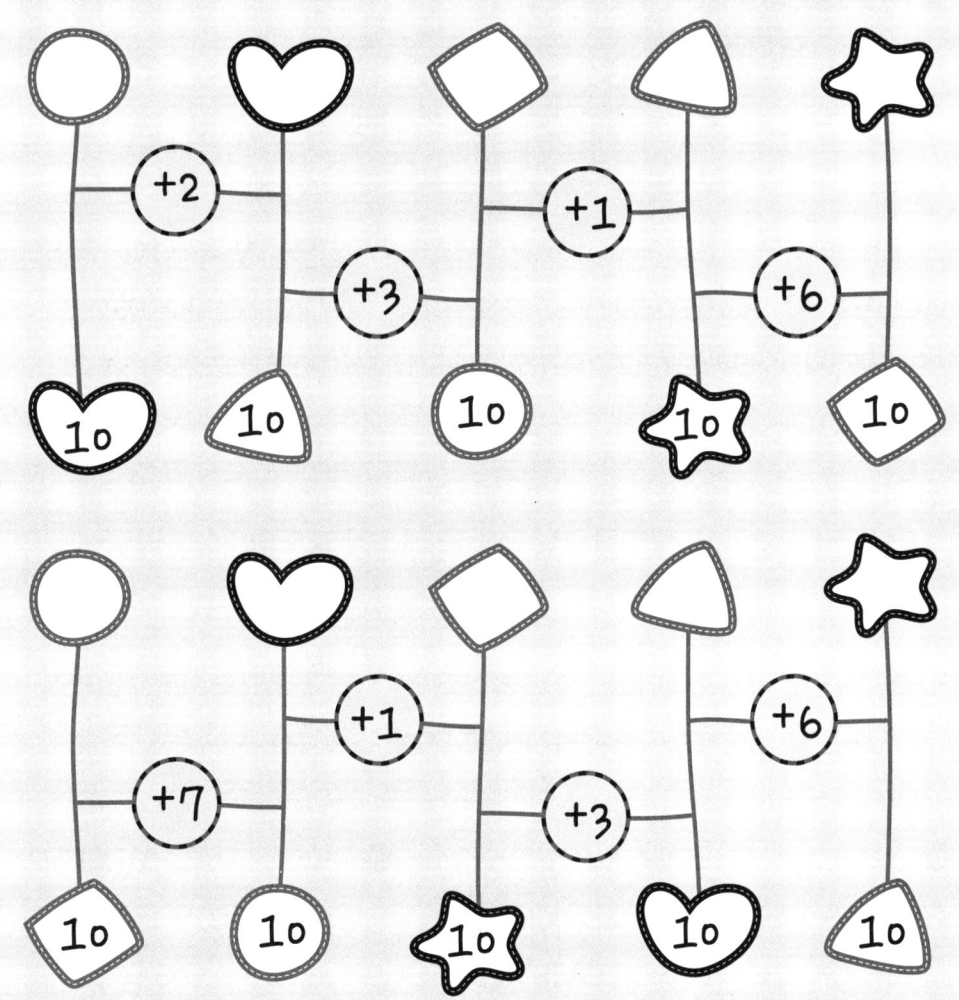

1 가로세로 낱말 찾기

다음 네모에서 알고 있는 낱말을 찾아 동그라미를 해 보세요.

여기서 찾은 낱말로 2~6번 문제를 풀어요!

재	판	결	★	★	검	판	사	경	대
변	호	사	★	원	사	★	건	찰	법
론	★	범	피	고	★	증	거	서	원
법	률	죄	인	경	찰	관	★	감	옥
정	마	★	법	치	주	의	구	속	★

내가 찾은 낱말 ___ 개

2 낱말 뜻 알기

다음 설명이나 그림이 뜻하는 낱말이 무엇인지 빈칸을 채워 보세요.

문제 개수 8개
맞은 개수 ___ 개
틀린 개수 ___ 개

가) 주로 법원에서 이루어지며 옳고 그름을 따져 판단하는 것 ····· ☐ 판

나) 자격을 가지고 죄와 관련된 사람을 보호하고 도와주는 사람 · ☐ 사

다) 나름의 억울함으로 법원에 소송을 제기한 사람 ············· ☐ 고

라) 국민의 자유와 권리를 제한하거나 의무를 줄 때는 반드시 법에 의거해야 하는 정치주의 ············· ☐ ☐ 주 의

마)  ☐ 정

바)  ☐ ☐

사)  ☐ 사

아)  ☐ 관

3. 비슷한 말 반대말 알기

다음에서 비슷한 뜻끼리 짝지어진 것에는 '='로, 반대의 뜻끼리 짝지어진 것에는 '↔'로 나타내거나, 부호에 알맞게 낱말을 채워 보세요.

판사	(가)	재판관
구속	(나)	자유
경찰관	(다)	범인

피고	↔	(라)
법치	(마)	불법
감옥	(바)	감방

4. 큰 말 작은 말 알기

낱말의 포함 관계에 따라 '<', 또는 '>'로 나타내고, 그림의 위치에 알맞게 낱말을 넣어 보세요.

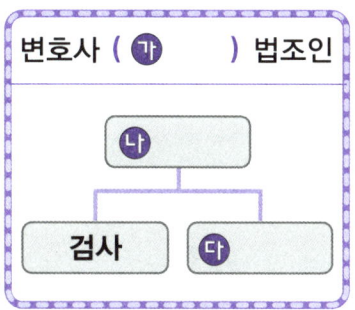
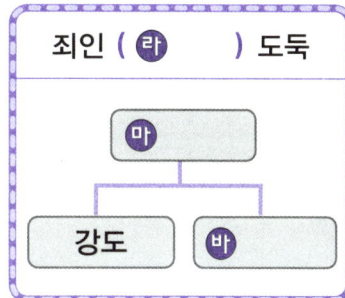
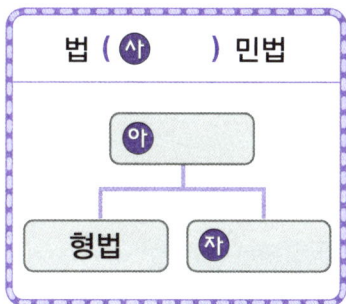

5. 짝을 이루는 말 찾기

짝을 이루는 말을 찾아 동그라미 하고, 그 말의 뜻을 보기 에서 찾아 번호를 쓰세요.

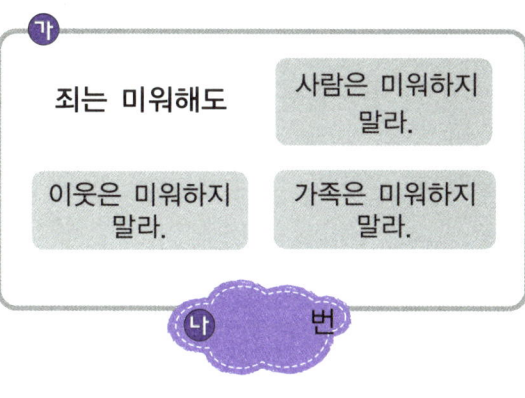
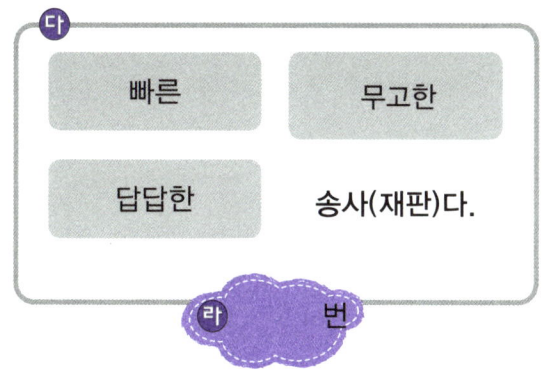

보기
① 답답하기가 해결되지 않은 재판과 같다.
② 지은 죄는 미워도 사람 자체를 미워하여서는 안 된다.

다음 가~라의 ( )에 알맞은 낱말을 보기에서 찾아 번호를 쓰고, 마의 질문에 답해 보세요.

가 (　　　)은/는 피고의 입장이 되어 변론을 해 준다.

나 사소한 다툼으로 (　　　)에서 판결을 받기보다는 서로 양보하는 마음이 필요하다.

다 재판을 받고 죄가 확정된 사람은 (　　　)에 갇혀 반성하는 시간을 갖는다.

라 재판에서 상대를 고소한 사람은 원고, 고소를 당한 사람은 (　　　)이/가 된다.

마 '검사'와 '증거'를 넣어 짧은 글을 지어 보세요.

→ _____

보기 ① 재판   ② 변호사   ③ 검사   ④ 법정   ⑤ 증거   ⑥ 피고   ⑦ 감옥

총 문제 개수 32 개 ┆ 총 맞은 개수 ◯ 개 ┆ 총 틀린 개수 ◯ 개

공부 의욕 다지는 손의 감각을 길러주는 공기놀이

　여러분도 공기놀이를 해봤나요? 우선 다섯 알의 공기돌을 준비해야겠지요. 다섯 알을 놓고 한 알을 집어 위로 던져 받으면서 아래 한 알을 집고, 또 하나를 던져 받으면서 하나를 집고, 이렇게 네 알을 다 받은 다음은 두 알씩 집고, 다음은 세 알과 한 알을 집고, 네 알을 모두 집고, 마무리로 꺾기를 합니다. 꺾기를 할 때 손등에 얼마나 많은 공기알이 올라가느냐에 따라 점수가 달라지지요.

　한 알을 위로 던져 올렸다가 다시 잡는 것이 어려운 친구들은 '바보 공기'를 해도 좋아요. 바보 공기는 한 알을 위로 올렸다가 다시 잡지 않아도 괜찮은 방법이지요. 공기놀이를 많이 하면 손의 감각을 길러주고, 손의 움직임이 많아 뇌 활동도 덩달아 촉진되니 일석이조의 효과가 있답니다.

머리 풀어주는 퍼즐

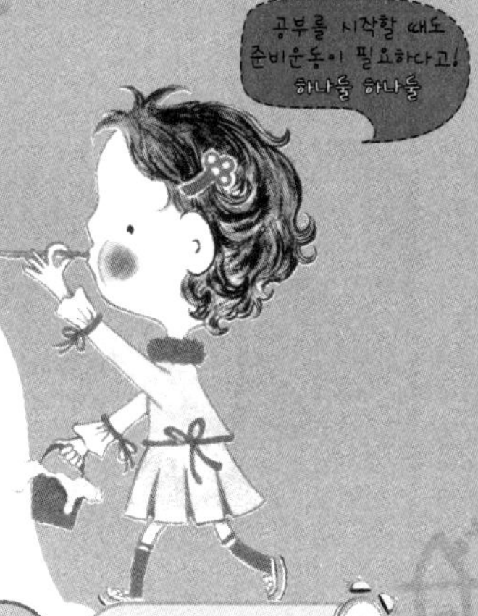

도전 시간	걸린 시간
00 분 15 초	분 초

창의사고력 기초 다지기 주의집중력

다음 ❶ ~ ❹ 중 다른 그림을 한 장씩 골라 보세요.

문제 1

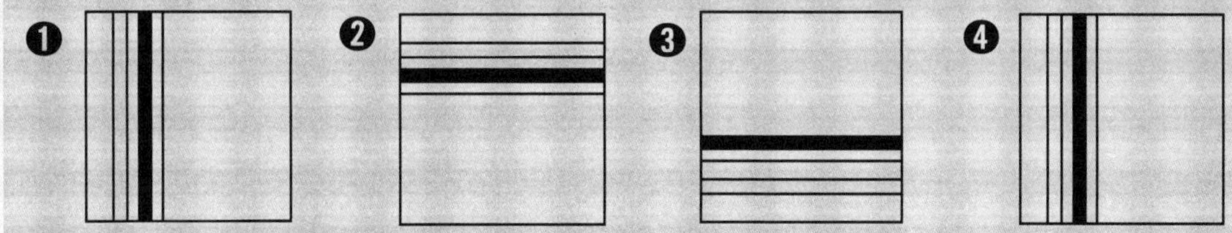

번

문제 2

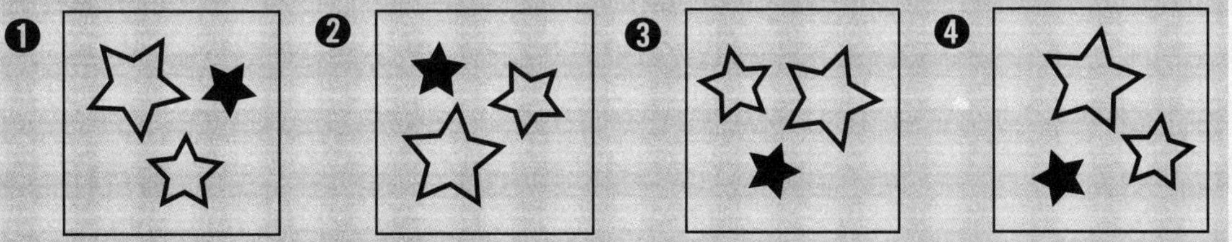

번

도전시간 7 분 　 초　　걸린시간 　 분 　 초

1 가로세로 낱말 찾기

다음 네모에서 알고 있는 낱말을 찾아 동그라미를 해 보세요.

여기서 찾은 낱말로 2~6번 문제를 풀어요!

감	격	★	달	음	박	질	그	★	감
★	걱	뒤	살	림	살	이	릇	주	정
궤	정	주	★	막	무	가	내	방	★
짝	거	다	짜	고	짜	★	복	주	깨
★	리	멍	텅	구	리	즐	비	하	다

내가 찾은 낱말 　 개

2 낱말 뜻 알기

다음 설명이나 그림이 뜻하는 낱말이 무엇인지 빈칸을 채워 보세요.

문제 개수 8개
맞은 개수 　 개
틀린 개수 　 개

㉮ 마음에 깊이 느끼어 크게 감동하는 것 ········ ☐ 격

㉯ 앞뒤를 가리지 않고 고집이 세어 어찌할 수 없음 ··· ☐ ☐ 가 내

㉰ 옳고 그름을 가리지 많고 무조건 덤비는 표현 ····· ☐ 고 짜

㉱ 빗살처럼 줄지어 빽빽하게 늘어서 있다. ········ ☐ ☐ 하 다

☐ 주

☐ 짝

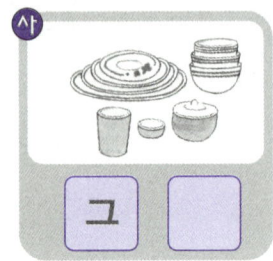
☐ 그

☐ 깨

※ 복주깨는 주발의 뚜껑을 가리키는 사투리입니다.

3. 비슷한 말 반대말 알기

다음에서 비슷한 뜻끼리 짝지어진 것에는 '='로, 반대의 뜻끼리 짝지어진 것에는 '↔'로 나타내거나, 부호에 알맞게 낱말을 채워 보세요.

문제 개수 6개

감동	=	(가)
달음박질	(나)	달음질
걱정거리	(다)	근심거리

멍텅구리	(라)	멍청이
다짜고짜	(마)	신중하게
즐비하다	(바)	간소하다

4. 큰말 작은말 알기

낱말의 포함 관계에 따라 '<', 또는 '>'로 나타내고, 그림의 위치에 알맞게 낱말을 넣어 보세요.

문제 개수 9개

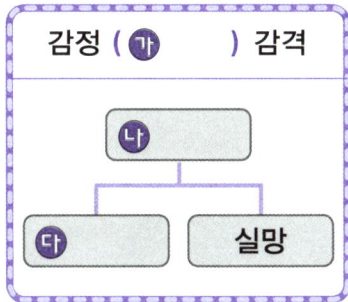
감정 (가) 감격
(나)
(다) · 실망

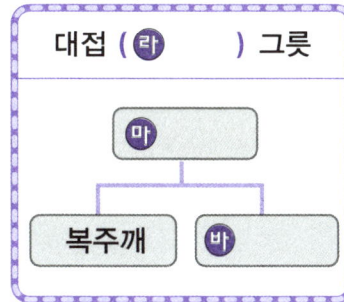
대접 (라) 그릇
(마)
복주깨 · (바)

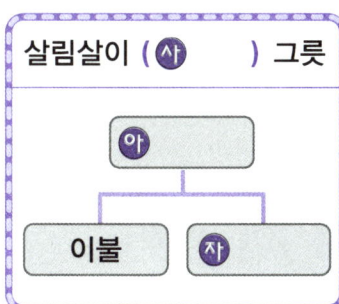
살림살이 (사) 그릇
(아)
이불 · (자)

5. 짝을 이루는 말 찾기

짝을 이루는 말을 찾아 동그라미 하고, 그 말의 뜻을 보기 에서 찾아 번호를 쓰세요.

문제 개수 4개

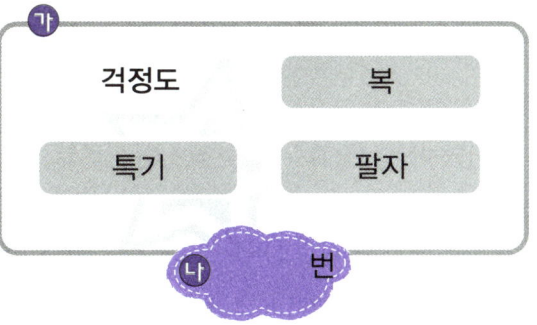
가
걱정도   복
특기   팔자
(나) 번

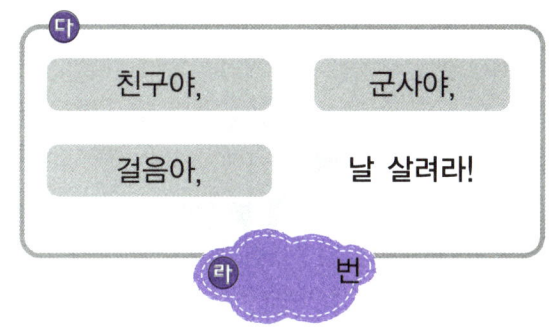
다
친구야,   군사야,
걸음아,   날 살려라!
(라) 번

보기
① 공연히 남의 일에 참견하거나 하지 않아도 될 걱정을 함.
② 있는 힘을 다하여 매우 빨리 도망침.

6 낱말 활용하기

다음 가~라의 ( )에 알맞은 낱말을 보기에서 찾아 번호를 쓰고, 마의 질문에 답해 보세요.

문제 개수 5개
맞은 개수 ___개
틀린 개수 ___개

가 이웃집에서 이사를 가는지 문 앞에 ( )이/가 즐비하게 나와 있었다.

나 고집이 센 동생은 갖고 싶은 물건이 있으면 ( )로 떼를 쓰곤 한다.

다 엄마는 쌀통에 쌀을 두고 먹지만 할머니는 ( )을/를 사용하셨다고 한다.

라 과수원을 하시는 할아버지는 사과를 ( )에 넣어 쌓아 두신다.

마 '걱정도 팔자'를 넣어 짧은 글을 지어 보세요.

→ _____

보기 ① 뒤주 ② 살림살이 ③ 막무가내 ④ 궤짝 ⑤ 감격 ⑥ 멍텅구리 ⑦ 그릇

총 문제 개수 32개 │ 총 맞은 개수 ___개 │ 총 틀린 개수 ___개

좋은 습관 다지는

놀이를 정돈해 주는 규칙들

친구와 놀이를 하다보면 뜻밖에 다툼이 일어나기도 해요. 숨바꼭질을 하다가 술래에게 잡혔는데도 그것을 인정하지 않으면 서로 마음이 상하게 되지요.

놀이는 즐겁기 위해서 하는 것이에요. 꼭 이겨야 할 필요도 없어요. 어떤 친구는 술래가 되기 싫어서 술래가 될 차례가 되면 어떤 변명거리를 만들어서 게임을 그만두기도 해요. 이것은 놀이의 규칙을 어기는 일이에요.

친구와 놀이를 할 때는 규칙을 잘 지키는 것이 중요해요. 그래야만 놀이 과정도 정리가 되고, 서로의 입장을 존중하며 놀이를 할 수가 있지요. 자꾸 혼자만 원하는 것을 고집하는 친구가 있다면 아마 다른 친구들은 그 친구와 놀고 싶지 않을 거예요.

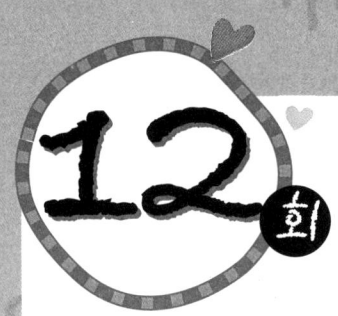

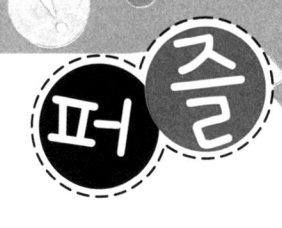

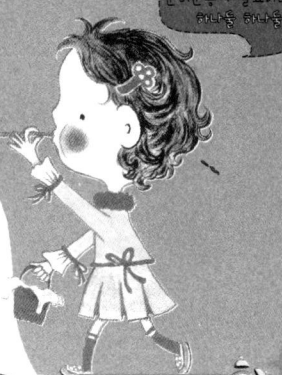

12회 머리 풀어주는 퍼즐

도전 시간		걸린 시간	
00 분	20 초	분	초

창의사고력 기초 다지기 연상추리력 쑥~

다음 도형들의 순서를 잘 살펴보고 마지막 칸을 채워 보세요.

문제 1

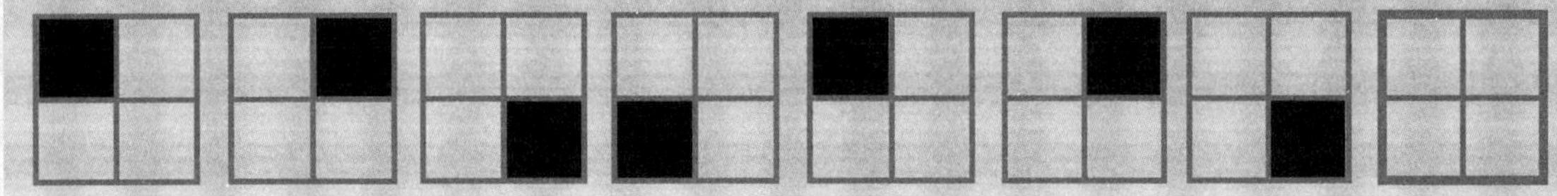

문제 2

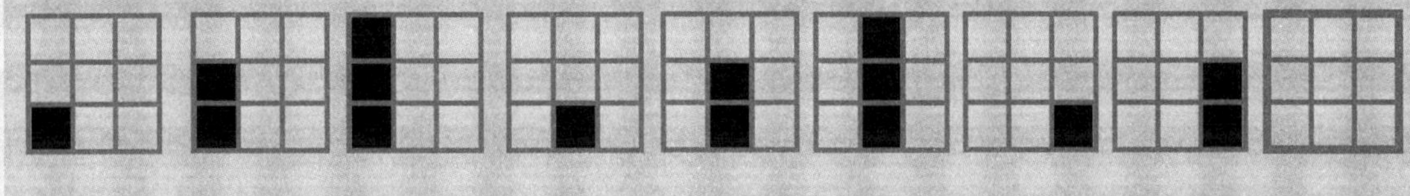

문제 3

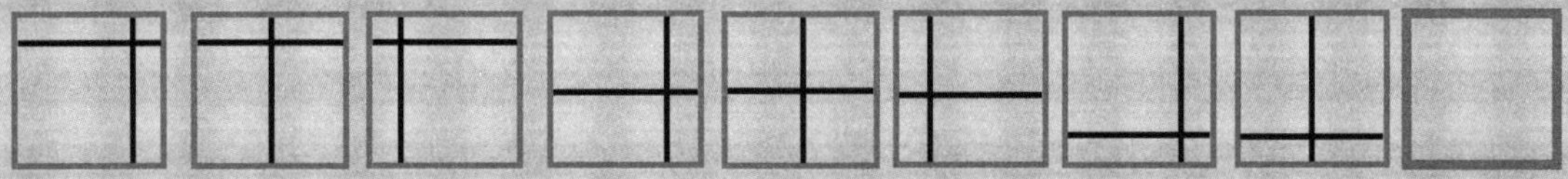

도전시간	걸린시간
6 분 50 초	분 초

1 가로세로 낱말찾기

다음 네모에서 알고 있는 낱말을 찾아 동그라미를 해 보세요.

여기서 찾은 낱말로 2~6번 문제를 풀어요!

평	★	유	한	살	이	★	일	생	채
면	곤	충	★	날	개	돋	이	★	집
도	★	애	허	물	벗	기	★	표	번
형	성	벌	굼	벵	이	매	미	본	데
살	충	레	★	장	구	벌	레	★	기

내가 찾은 낱말 ___ 개

2 낱말 뜻 알기

문제 개수 8개
맞은 개수 ___ 개
틀린 개수 ___ 개

다음 설명이나 그림이 뜻하는 낱말이 무엇인지 빈칸을 채워 보세요.

- 가) 점, 선, 면 등의 수학적 도형을 평면 위에 그린 것 ··· ☐ ☐ 도 형
- 나) 곤충 등이 알에서 성충으로 자라며 모양이 바뀌는 과정의 한차례 ·· 한 ☐
- 다) 알에서 나온 후 아직 다 자라지 아니한 애벌레 ············ 유 ☐
- 라) 누에와 비슷하며 몸의 길이가 짧고 뚱뚱한 매미의 애벌레 ··· ☐ ☐ 이

마)

☐ ☐

바)

☐ ☐ 기

사)

☐ 벗 기

아)
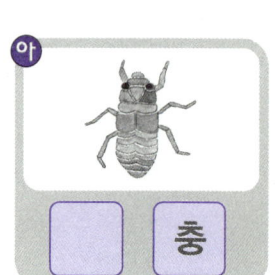
☐ 충

58

3 비슷한 말 반대말 알기

다음에서 비슷한 뜻끼리 짝지어진 것에는 '='로, 반대의 뜻끼리 짝지어진 것에는 '↔'로 나타내거나, 부호에 알맞게 낱말을 채워 보세요.

문제 개수 6개
맞은 개수 ___ 개
틀린 개수 ___ 개

유충	=	(가)
한살이	(나)	일생
표본	(다)	실물

평면도형	(라)	입체도형
유충	(마)	성충
허물벗기	(바)	탈피(脫皮)

4 큰 말 작은 말 알기

낱말의 포함 관계에 따라 '<', 또는 '>'로 나타내고, 그림의 위치에 알맞게 낱말을 넣어 보세요.

문제 개수 9개
맞은 개수 ___ 개
틀린 개수 ___ 개

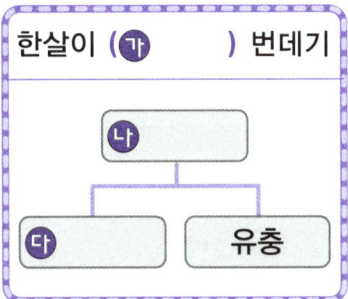
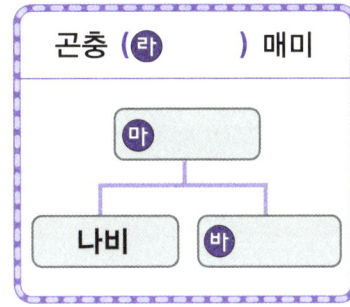
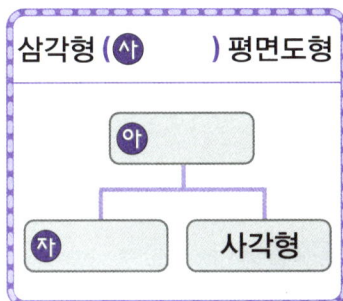

5 짝을 이루는 말 찾기

짝을 이루는 말을 찾아 동그라미 하고, 그 말의 뜻을 보기에서 찾아 번호를 쓰세요.

문제 개수 4개
맞은 개수 ___ 개
틀린 개수 ___ 개

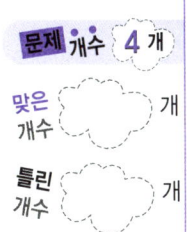

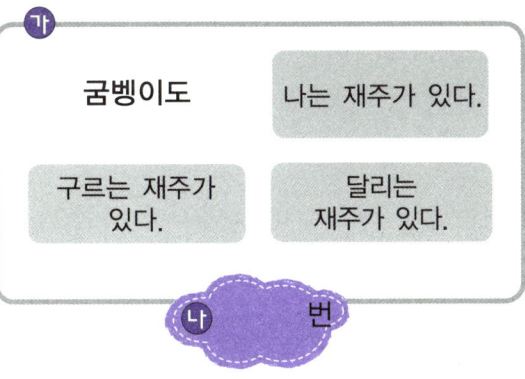
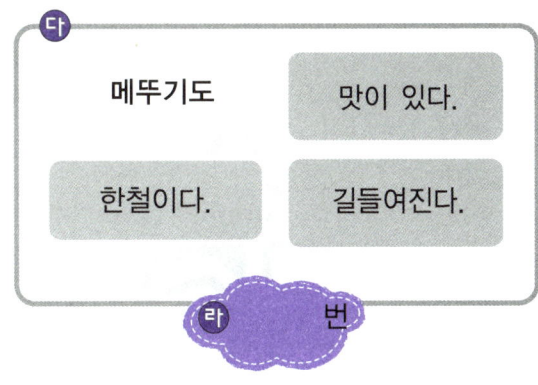

보기
① 아무리 능력 없는 사람도 한 가지 재주는 있다.
② 무엇이든 다 잘 되는 시기는 매우 짧다.

6 낱말 활용하기

다음 ㉮~㉰의 ( )에 알맞은 낱말을 보기에서 찾아 번호를 쓰고, ㉱의 질문에 답해 보세요.

문제 개수 5개
맞은 개수 개
틀린 개수 개

㉮ ( ) 앞에서 주름 잡는다는 말은, 더 잘하는 사람 앞에서 잘난 체한다는 뜻이다.
㉯ 매미의 ( )은/는 굼벵이이다.
㉰ 번데기에서 날개가 나오고 어른 벌레가 되는 변태 과정을 ( )(이)라고 한다.
㉱ 옷을 홀랑 벗어 놓고 나가는 동생을 보고 ( )하는 곤충이 생각났다.
㉲ '굼벵이도 구르는 재주가 있다.'를 넣어 짧은 글을 지어 보세요.

→ _____

보기 ① 채집 ② 한살이 ③ 허물벗기 ④ 번데기 ⑤ 날개돋이 ⑥ 유충 ⑦ 성충

총 문제 개수 32개 | 총 맞은 개수 개 | 총 틀린 개수 개

공부 의욕 다지는 글

코끼리는 어떻게 생겼을까?

장님 셋이서 코끼리를 구경하러 동물원에 갔어요. 첫 번째 사람이 코끼리의 다리를 만지며 말했습니다. "아, 코끼리는 길쭉하게 생겼군. 꼭 기둥 같아!" 두 번째 사람이 만진 곳은 코끼리의 귀였어요. "아니야, 코끼리는 보자기처럼 넓적해." 그러자 마지막 사람이 코끼리의 길다란 코를 만지며 말하였습니다. "무슨 소리, 코끼리는 구렁이처럼 생겼는걸. 밧줄 같기도 하고." 그렇다면, 이들 중 코끼리를 가장 정확히 본 사람은 누구일까요? 어디에서 바라보느냐에 따라서 같은 것이라도 이렇듯 다르게 받아들여지는 법입니다. 작은 부분만 알고 있을 뿐이면서 마치 전체를 다 아는 듯 생각하는 것은 너무나 위험한 생각이랍니다.

머리 풀어주는 퍼즐

창의사고력 기초 다지기 판단능력 쑥~

도전 시간 00분 15초 | 걸린 시간 분 초

다음 과일 그림에는 1부터 7까지의 숫자 중 빠진 숫자가 하나씩 있습니다. 어떤 과일에 어떤 숫자가 빠져 있는지 써 보세요.

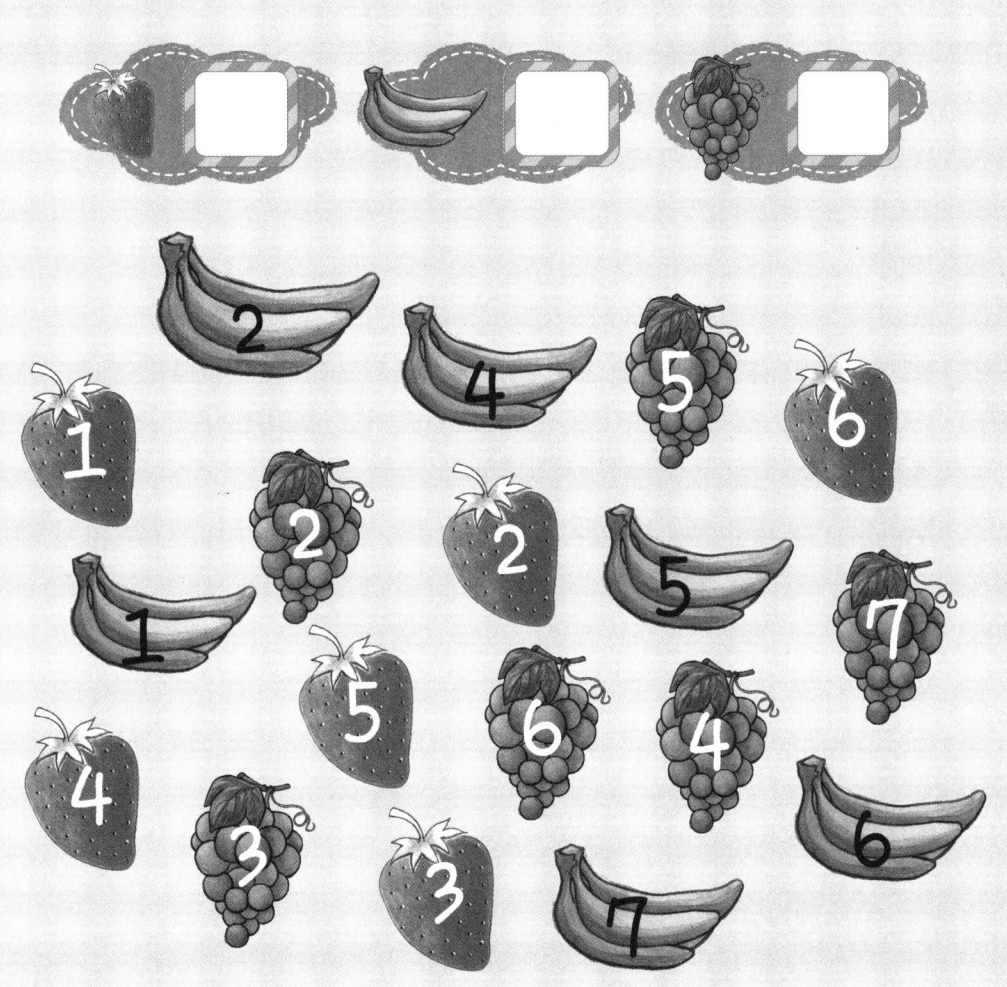

낱말이 쏙 생각이 쑥

도전시간 7분 30초 | 걸린시간 분 초

1 가로세로 낱말 찾기

다음 네모에서 알고 있는 낱말을 찾아 동그라미를 해 보세요.

여기서 찾은 낱말로 2~6번 문제를 풀어요!

뒷	★	볼	멘	소	리	★	부	이	익
바	양	★	손	질	하	다	축	주	우
라	보	판	단	력	★	자	하	★	애
지	★	다	자	용	모	원	다	말	씨
몸	가	짐	원	★	지	경	★	투	★

내가 찾은 낱말 개

2 낱말 뜻 알기

다음 설명이나 그림이 뜻하는 낱말이 무엇인지 빈칸을 채워 보세요.

문제 개수 8개
맞은 개수 개
틀린 개수 개

가) 서운하거나 화가 나서 통명스럽게 하는 말투 …… ☐ ☐ 소 리
나) 뒤에서 보살피며 도와주는 일 …………………… ☐ ☐ 라 지
다) 사람의 얼굴 모양 ………………………………… ☐ 용 ☐
라) '경우'나 '형편', '정도' 등을 나타내는 말 ………… ☐ 경

마) ☐ 보 ☐   바) ☐ ☐ 력   사) ☐ 애 ☐   아) ☐ 짐

3. 비슷한 말 반대말 알기

다음에서 비슷한 뜻끼리 짝지어진 것에는 '='로, 반대의 뜻끼리 짝지어진 것에는 '↔'로 나타내거나, 부호에 알맞게 낱말을 채워 보세요.

문제 개수 6개

다짐	(가)	결심
용모	(나)	외모
양보	(다)	차지

지경	(라)	상황
손해	↔	(마)
볼멘소리	(바)	상냥함

4. 큰말 작은말 알기

낱말의 포함 관계에 따라 '<', 또는 '>'로 나타내고, 그림의 위치에 알맞게 낱말을 넣어 보세요.

문제 개수 9개

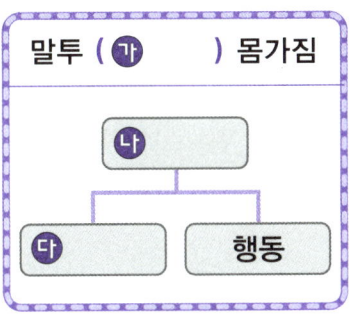
말투 (가) 몸가짐
- 나
  - 다
  - 행동

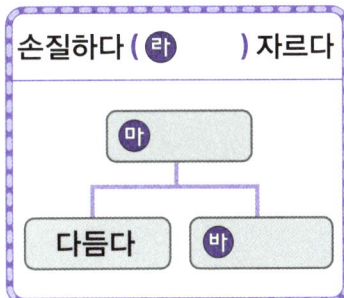
손질하다 (라) 자르다
- 마
  - 다듬다
  - 바

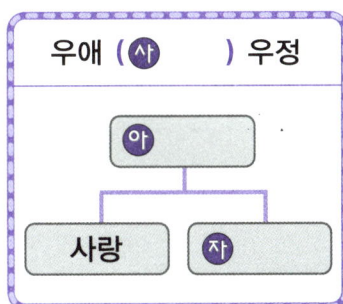
우애 (사) 우정
- 아
  - 사랑
  - 자

5. 짝을 이루는 말 찾기

짝을 이루는 말을 찾아 동그라미 하고, 그 말의 뜻을 보기 에서 찾아 번호를 쓰세요.

문제 개수 4개

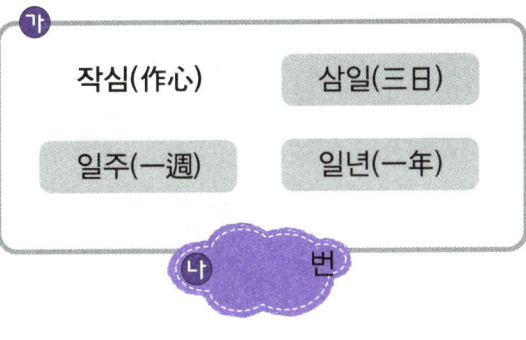
가
작심(作心)   삼일(三日)
일주(一週)   일년(一年)
나 번

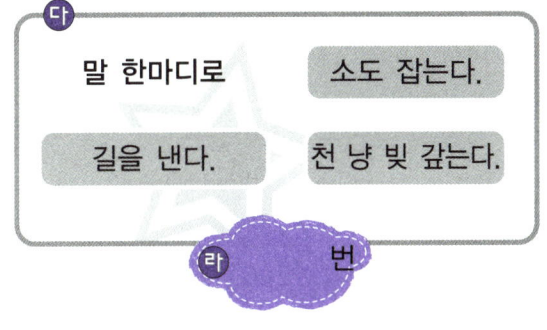
다
말 한마디로   소도 잡는다.
길을 낸다.   천 냥 빚 갚는다.
라 번

보기
① 결심이 오래가지 못함을 빗대는 말
② 말만 잘해도 어려운 일을 해결할 수 있음.

6 낱말 활용하기

다음 ㉮~㉱의 ( )에 알맞은 낱말을 보기에서 찾아 번호를 쓰고, ㉲의 질문에 답해 보세요.

㉮ 나와 동생을 (   )하느라 힘드신 부모님을 생각하면 늘 감사한 마음이다.
㉯ 자기의 (   )을/를 위해 다른 사람을 배려하지 않는 사람은 이기주의자이다.
㉰ 아무리 (   )이/가 뛰어나도 마음이 바르지 않다면 아름답다고 할 수 없다.
㉱ 학교를 아름답게 꾸밀 사람을 뽑는다기에 나는 손을 들고 (   )하였다.
㉲ '작심삼일(作心三日)'을 넣어 짧은 글을 지어 보세요.

→ _____

보기 ① 손질하다 ② 볼멘소리 ③ 용모 ④ 이익 ⑤ 자원 ⑥ 몸가짐 ⑦ 뒷바라지

총 문제 개수 32 개 | 총 맞은 개수 ( ) 개 | 총 틀린 개수 ( ) 개

2002년 월드컵에서 축구 대표팀에 뽑혔던 차두리 선수는 2006년에는 뽑히지 못하였죠. 속상하지 않느냐는 기자들의 질문에 이렇게 말했어요.
"저는 지금도 충분히 행복합니다. 다른 사람이 행복하다고 해서 제 행복이 줄어드는 것은 아니니까요."
여러분은 다른 사람에게 기쁜 일이 생기거나 좋은 일로 칭찬을 받게 된다면 선뜻 축하를 해 주나요? 겉으로는 축하를 해 주면서도 마음속으로는 질투가 나서 괜히 심통이 날지도 모르지요. 하지만 꼭 기억하세요. 행복은 누군가에게서 빼앗아 오는 것이 아니라, 함께 누리는 것이라는 사실을요.

14회 머리 풀어주는 퍼즐

창의사고력 기초 다지기 정보처리능력 쑥~

도전 시간	걸린 시간
00 분 20 초	분 초

다음 보기의 순서에 따라 ↘부터 ↗까지 줄을 그으며 이동해 보세요. (단, 가로 또는 세로로만 움직여야 합니다.)

보기: 가 ⇒ 나 ⇒ 다 ⇒ 라 ⇒ 마

65

도전시간 7 분 30 초 걸린시간 분 초

1 가로세로 낱말찾기

다음 네모에서 알고 있는 낱말을 찾아 동그라미를 해 보세요.

여기서 찾은 낱말로 2~6번 문제를 풀어요!

몸	집	건	무	말	★	실	랑	이	★
담	장	강	조	귀	암	별	★	체	구
나	약	한	건	낭	송	소	콩	깍	지
★	광	고	지	★	토	리	가	두	★
시	샘	★	양	초	아	★	루	기	은

내가 찾은 낱말 개

2 낱말 뜻 알기

다음 설명이나 그림이 뜻하는 낱말이 무엇인지 빈칸을 채워 보세요.

문제 개수 8개
맞은 개수 개
틀린 개수 개

- 가) 다른 사람이 말하는 내용을 알아듣는 것 ········ ☐ 귀
- 나) 자기보다 잘되거나 나은 사람을 공연히 미워하고 싫어하는 마음 ·· 시 ☐
- 다) 뜻밖의 별난 말을 하는 것 ·················· ☐ 리
- 라) 몸이 가냘프고 약한 것 ··················· ☐ 한

마) ☐ ☐ 지

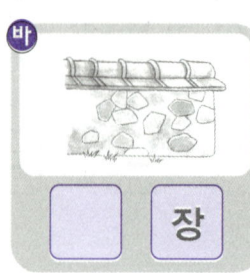
바) ☐ 장

사) 양 ☐

아) ☐ ☐ 지

3. 비슷한 말 반대말 알기

다음에서 비슷한 뜻끼리 짝지어진 것에는 '≒'로, 반대의 뜻끼리 짝지어진 것에는 '↔'로 나타내거나, 부호에 알맞게 낱말을 채워 보세요.

문제 개수 6개

나약한	↔	(가)
몸집	(나)	체구
무조건	(다)	조건

별소리	(라)	별말
시샘	(마)	질투
암송	(바)	외우기

4. 큰 말 작은 말 알기

낱말의 포함 관계에 따라 '<', 또는 '>'로 나타내고, 그림의 위치에 알맞게 낱말을 넣어 보세요.

문제 개수 9개

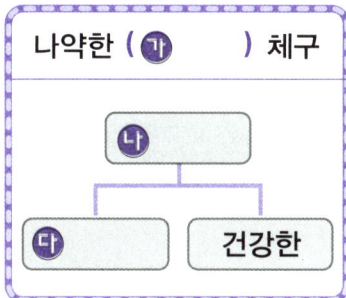
나약한 (가) 체구
(나)
(다) 건강한

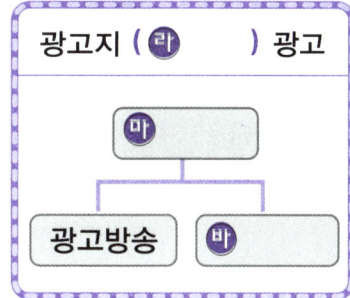
광고지 (라) 광고
(마)
광고방송 (바)

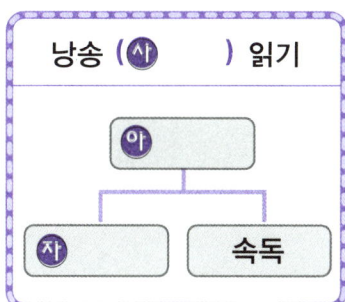
낭송 (사) 읽기
(아)
(자) 속독

5. 짝을 이루는 말 찾기

짝을 이루는 말을 찾아 동그라미 하고, 그 말의 뜻을 보기에서 찾아 번호를 쓰세요.

문제 개수 4개

(가)
쇠귀에   외양간 고친다.
눈물 짓는다.   경 읽기
(나) 번

(다)
눈에   안대를 했다.
다래끼가 났다.   콩깍지가 씌다.
(라) 번

보기
① 가르쳐도 알아듣지 못해 효과가 없다.
② 앞이 가리어 사물을 정확하게 보지 못한다.

67

6 낱말 활용하기

다음 가~라의 ( )에 알맞은 낱말을 보기에서 찾아 번호를 쓰고, 마의 질문에 답해 보세요.

문제 개수 5개

맞은 개수 ◯ 개

틀린 개수 ◯ 개

- 가 동생과 이야기를 하면 (　　　)을/를 못 알아들어 답답했다.
- 나 (　　　) 몸에서 건강한 정신이 나올 수 없다.
- 다 꽃이 피는 것을 (　　　)하여 이른 봄에 추워지는 날씨를 '꽃샘추위'라고 한다.
- 라 어려울 때 도와준 분에게 고맙다는 인사를 했더니 '(　　　)를 다 듣겠다'며 손을 저었다.
- 마 '눈에 콩깍지가 씌다.'는 어떤 경우에 쓰이는 말인지 써 보세요.

→ _____

보기 ① 나약한　② 무조건　③ 시샘　④ 별소리　⑤ 말귀　⑥ 몸집　⑦ 담장

총 문제 개수 32 개 ｜ 총 맞은 개수 ◯ 개 ｜ 총 틀린 개수 ◯ 개

공부 의욕 다지는 　진정한 멋은 마음 속에서

　허영심이 많은 까마귀가 있었어요. 까마귀는 다른 새들처럼 멋진 깃털을 가지고 싶었지요. 그래서 공작새들이 떨어뜨린 깃털을 주워서 자신의 검은 깃털을 감추고 멋지게 치장을 했답니다.

　까마귀가 새로 꼽은 깃털을 휘날리며 당당하게 새들의 파티에 나타난 순간, 까마귀의 정체를 한눈에 알아본 공작새들이 까마귀의 몸에 붙은 자기의 깃털을 뽑아 버렸습니다. 까마귀는 다시 까만색의 옷을 입은 본래의 까마귀가 되었답니다.

　진정 멋진 사람은 외모를 치장해서 자신을 뽐내려고 하는 사람이 아니라, 마음의 텃밭을 갈고 닦아서 그 안에 예쁜 꽃을 피우는 사람입니다.

머리 풀어주는 퍼즐

창의사고력 기초 다지기 — 계산능력 쑥~

사다리를 타고 내려가면서, 같은 모양끼리 계산이 이루어지도록 빈칸을 채워 보세요.

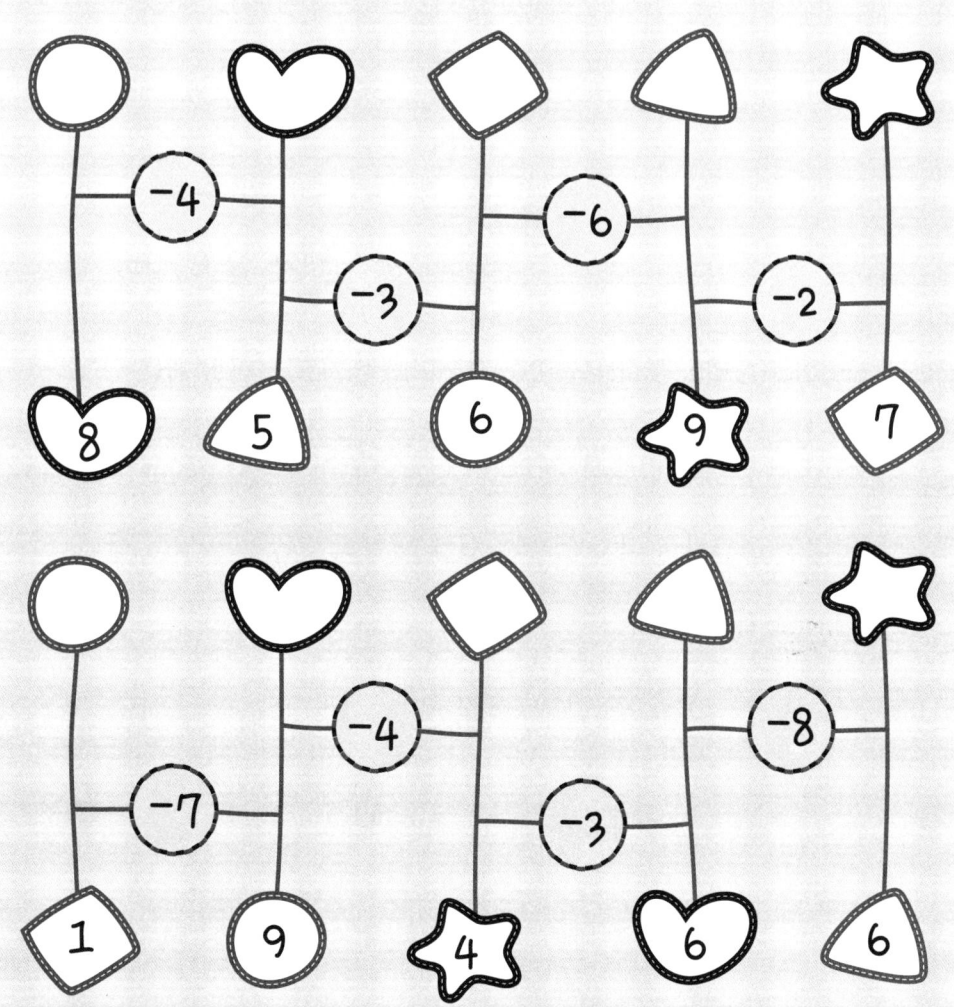

1 가로세로 낱말 찾기

다음 네모에서 알고 있는 낱말을 찾아 동그라미를 해 보세요.

여기서 찾은 낱말로 2~6번 문제를 풀어요!

★	액	정	보	화	부	풀	어	오	름
고	체	★	발	견	알	★	성	질	★
수	공	간	명	★	갱	세	깔	때	기
증	발	액	화	조	이	균	기	화	★
기	체	종	류	건	★	유	지	하	다

내가 찾은 낱말 ___ 개

2 낱말 뜻 알기

다음 설명이나 그림이 뜻하는 낱말이 무엇인지 빈칸을 채워 보세요.

문제 개수 8 개
맞은 개수 ___ 개
틀린 개수 ___ 개

㉮ 어떤 사물이나 현상이 가지고 있는 고유의 특성 ········· [ ] 질

㉯ 일정한 모양과 부피가 있으며 쉽게 변형되지 않는 물질의 상태 ··· [ ] 체

㉰ 어떤 물질이 액체 상태에서 기체 상태로 변하는 현상 ········· [ ] 발

㉱ 기체가 냉각·압축되어 액체로 변하거나 고체가 녹아 액체가 되는 현상 ·· [ ] 화

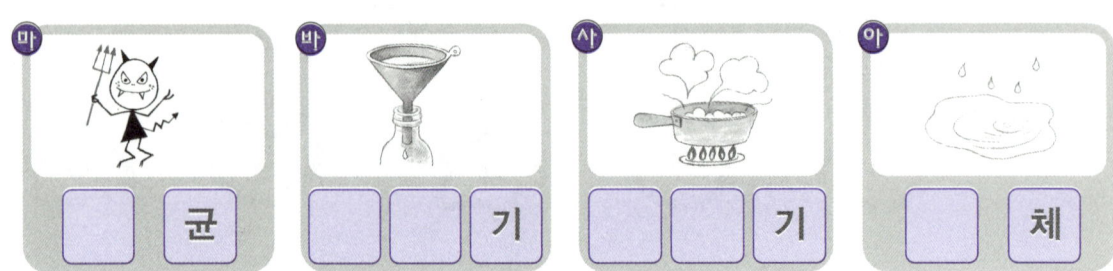

㉲ [ ] 균   ㉳ [ ] [ ] 기   ㉴ [ ] [ ] 기   ㉵ [ ] 체

3. 비슷한 말 반대말 알기

문제 개수 6개
맞은 개수 ☁ 개
틀린 개수 ☁ 개

다음에서 비슷한 뜻끼리 짝지어진 것에는 '='로, 반대의 뜻끼리 짝지어진 것에는 '↔'로 나타내거나, 부호에 알맞게 낱말을 채워 보세요.

장소	=	(가)
부풀어 오르다	(나)	오그라들다
세균	(다)	박테리아

유지하다	(라)	변화하다
액화	(마)	액체화
종류	(바)	갈래

4. 큰 말 작은 말 알기

문제 개수 9개
맞은 개수 ☁ 개
틀린 개수 ☁ 개

낱말의 포함 관계에 따라 '<', 또는 '>'로 나타내고, 그림의 위치에 알맞게 낱말을 넣어 보세요.

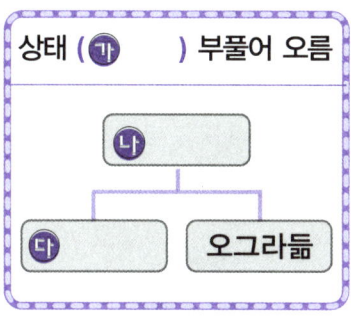
상태 (가) 부풀어 오름
나
다 / 오그라듦

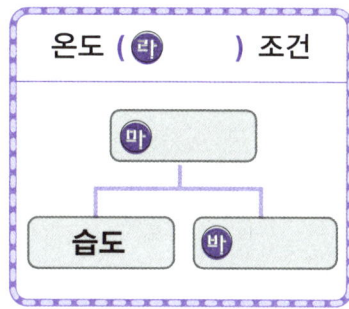
온도 (라) 조건
마
습도 / 바

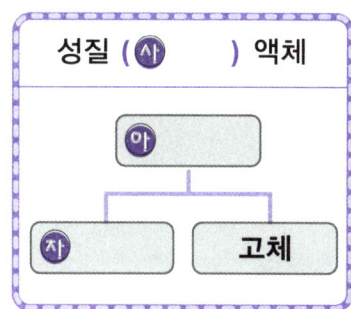
성질 (사) 액체
아
자 / 고체

5. 짝을 이루는 말 찾기

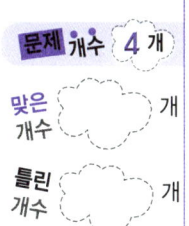

문제 개수 4개
맞은 개수 ☁ 개
틀린 개수 ☁ 개

짝을 이루는 말을 찾아 동그라미 하고, 그 말의 뜻을 보기 에서 찾아 번호를 쓰세요.

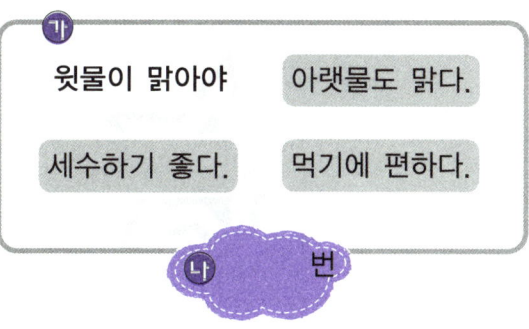
가
윗물이 맑아야 / 아랫물도 맑다.
세수하기 좋다. / 먹기에 편하다.
(나 번)

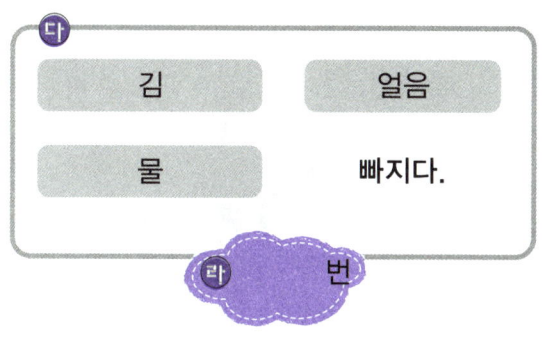
다
김 / 얼음
물 / 빠지다.
(라 번)

보기
① 어떤 일에서 흥미를 잃다.
② 윗사람이 잘 하면 아랫사람도 따라 잘하게 된다.

6 낱말 활용하기

다음 가~라의 ( )에 알맞은 낱말을 보기에서 찾아 번호를 쓰고, 마의 질문에 답해 보세요.

문제 개수 5개
맞은 개수 개
틀린 개수 개

가 이미 있던 것을 새롭게 찾는 것은 (　　　), 이전에 없던 것을 새로 만들어 내는 것은 (　　　)이다.

나 (　　　)인 물을 얼리면 (　　　)인 얼음이 된다.

다 글의 (　　　)는 감상글과 주장글, 설명글 등으로 나눌 수 있다.

라 손에는 보이지 않는 (　　　)이/가 많이 묻어 있기 때문에 꼭 비누로 씻어야 한다.

마 '수증기'를 넣어 짧은 글을 지어 보세요.

→ _____

보기 ① 고체 ② 액체 ③ 종류 ④ 성질 ⑤ 세균 ⑥ 발명 ⑦ 발견

총 문제 개수 32개 | 총 맞은 개수 개 | 총 틀린 개수 개

공부 의욕 다지는 72
콜럼버스의 달걀

콜럼버스가 아메리카 대륙을 발견했을 때 그를 헐뜯는 사람들이 있었습니다.
"쳇, 그까짓 거 누가 못합니까? 돈과 배만 있다면, 나도 신대륙을 발견할 수 있을 겁니다."
구석에서 조용히 그들의 말을 듣고 있던 콜럼버스가 달걀 하나를 들고 말했습니다.
"이 달걀을 세울 분 안 계십니까?"
사람들이 모두 시도했지만 달걀은 구르기만 할 뿐, 세워지지 않았습니다. 콜럼버스는 그제야 달걀의 한쪽을 깨뜨려 달걀을 세워 보이며 말했습니다.
"누구나 다른 사람이 한 다음에 하는 일은 쉽습니다. 하지만 그것을 맨 처음 하는 것은 결코 쉽지 않습니다."
그 말에 콜럼버스를 헐뜯던 사람들은 고개를 들지 못했답니다.

도전 시간	걸린 시간
00 분 15 초	분 초

창의사고력 기초 다지기 주의집중력 쏙~

다음 보기와 같은 그림을 ❶~❹에서 골라 번호를 쓰세요.

문제 1

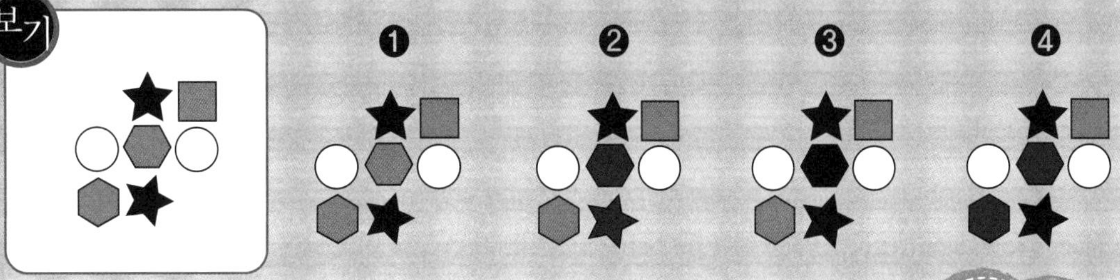

번

문제 2

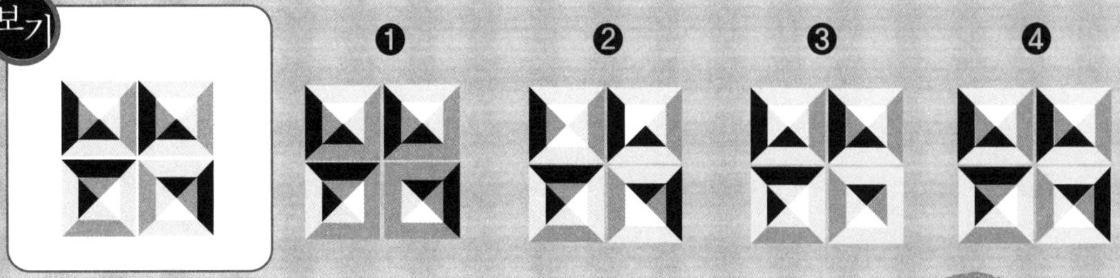

번

낱말이 쏙 생각이 쑥

도전시간 7 분 30 초   걸린시간   분   초

1 가로세로 낱말찾기

다음 네모에서 알고 있는 낱말을 찾아 동그라미를 해 보세요.

여기서 찾은 낱말로 2~6번 문제를 풀어요!

지	도	하	안	★	사	거	리	농	공
★	로	천	내	공	목	장	★	경	장
나	백	지	도	원	★	주	택	지	★
침	★	기	호	★	저	수	지	★	창
반	논	밭	★	아	파	트	단	지	고

내가 찾은 낱말 ○ 개

2 낱말 뜻 알기

다음 설명이나 그림이 뜻하는 낱말이 무엇인지 빈칸을 채워 보세요.

문제 개수 8 개
맞은 개수 ○ 개
틀린 개수 ○ 개

㉮ 사람, 차 등이 잘 다닐 수 있도록 만들어 놓은 비교적 넓은 길 ···· ☐ 로
㉯ 어떠한 뜻을 나타내기 위해 쓰는 부호, 문자, 표지 따위 ······· ☐ 호
㉰ 강과 시내를 함께 부르는 말 ·············· ☐ 천
㉱ 농사를 짓기 위한 땅 ·············· ☐ 지

㉲ 사 ☐ ☐

㉳ ☐ 반

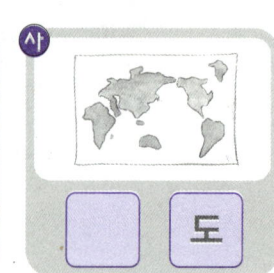
㉴ ☐ 도

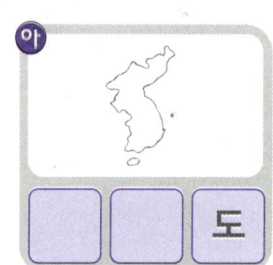
㉵ ☐ 도

3 비슷한 말 반대말 알기

문제 개수 6개
맞은 개수 ☐ 개
틀린 개수 ☐ 개

다음에서 비슷한 뜻끼리 짝지어진 것에는 '='로, 반대의 뜻끼리 짝지어진 것에는 '↔'로 나타내거나, 부호에 알맞게 낱말을 채워 보세요.

하천(河川)	=	(가)
도로	(나)	길
농경지	(다)	주택지

기호	(라)	상징
논밭	(마)	전답(田畓)
목장	(바)	목축장

4 큰 말 작은 말 알기

문제 개수 9개
맞은 개수 ☐ 개
틀린 개수 ☐ 개

낱말의 포함 관계에 따라 '<', 또는 '>'로 나타내고, 그림의 위치에 알맞게 낱말을 넣어 보세요.

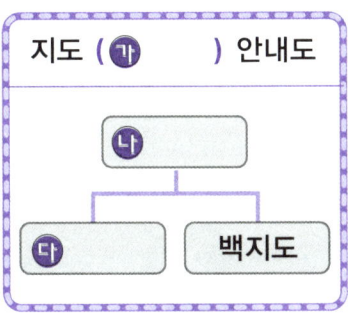

지도 (가   ) 안내도 — 나 / 다, 백지도

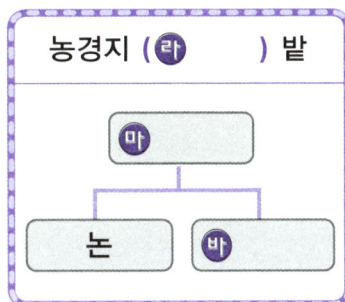

농경지 (라   ) 밭 — 마 / 논, 바

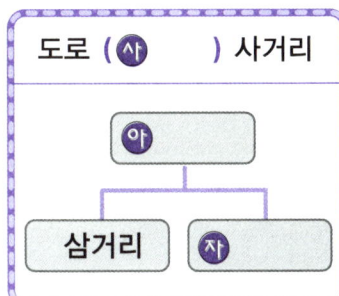

도로 (사   ) 사거리 — 아 / 삼거리, 자

5 짝을 이루는 말 찾기

문제 개수 4개
맞은 개수 ☐ 개
틀린 개수 ☐ 개

짝을 이루는 말을 찾아 동그라미 하고, 그 말의 뜻을 보기에서 찾아 번호를 쓰세요.

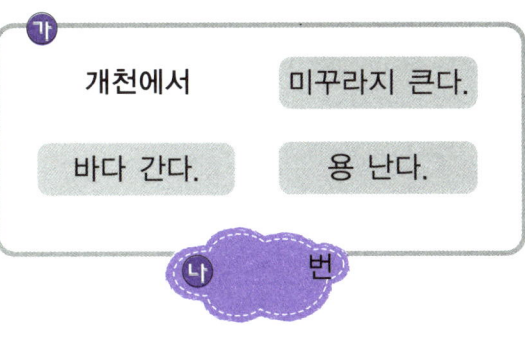

가: 개천에서 / 미꾸라지 큰다. / 바다 간다. / 용 난다.
(나   번)

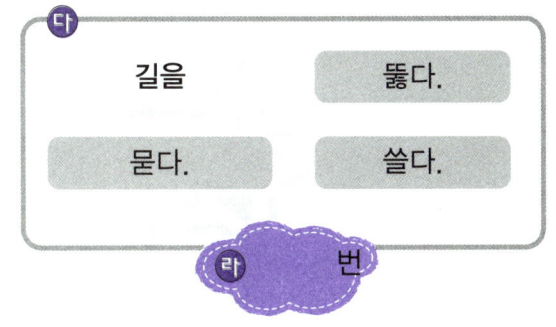

다: 길을 / 뚫다. / 묻다. / 쓸다.
(라   번)

보기
① 방법을 찾아내다.
② 변변찮은 환경에서 훌륭한 인물이 나온다.

75

6 낱말 활용하기

다음 ㉮~㉱의 ( )에 알맞은 낱말을 보기에서 찾아 번호를 쓰고, ㉲의 질문에 답해 보세요.

문제 개수 5개

맞은 개수 ___개

틀린 개수 ___개

㉮ 논과 밭 같은 (　　　)이/가 점점 줄어들고 있다.

㉯ 아파트 단지처럼 집을 짓기로 정한 땅을 (　　　)(이)라고 한다.

㉰ 여행에서는 길이 그려진 (　　　)와 방향을 알려주는 (　　　)을/를 빼놓을 수 없다.

㉱ 지도에서 ▲는 학교를, ∴는 명승지를 나타내는 (　　　)이다.

㉲ '안내도'를 넣어 짧은 글을 지어 보세요.

→ _____

보기 ① 안내도　② 지도　③ 나침반　④ 농경지　⑤ 주택지　⑥ 기호　⑦ 창고

총 문제 개수 32개　총 맞은 개수 ___개　총 틀린 개수 ___개

공부 의욕 다지는 글

얌전한 공주님은 이젠 안녕!

　〈슈렉〉이라는 영화를 보았나요? 시리즈로 3편까지 제작이 되었죠. 이 영화의 주인공은 녹색 괴물 슈렉과 그의 피앙세 피오나 공주입니다. 그 동안 우리가 동화 속에서, 영화 속에서 볼 수 있었던 주인공은 예쁘고, 멋지고, 또 얌전하고 예쁜 공주님이었지요.

　그러나 피오나 공주는 달랐어요. 자기를 해치려는 사람에게 거침없이 발차기를 올리기도 하고, 예쁘고 날씬하지 않은 모습으로 녹색 괴물 슈렉 옆에서 행복하게 사는 길을 택하지요.

　잠자는 숲속의 공주나 백설 공주처럼 멋진 왕자님이 나를 구해 주기를 기다리는 그런 공주님보다는 당당하고 자신 있게 모험을 두려워하지 않는 피오나 공주의 모습이 더 매력적이지 않은가요?

17회 머리 풀어주는 퍼즐

창의사고력 기초 다지기 연상추리력

도전 시간 00분 20초
걸린 시간 분 초

다음 그림의 빈 자리에 들어갈 모양을 골라 ( ) 안에 번호를 쓰세요.

문제 1

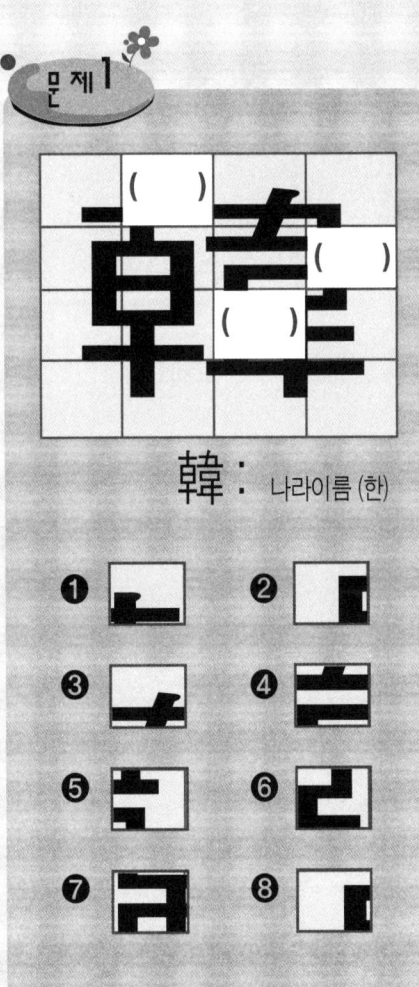

韓 : 나라이름 (한)

문제 2

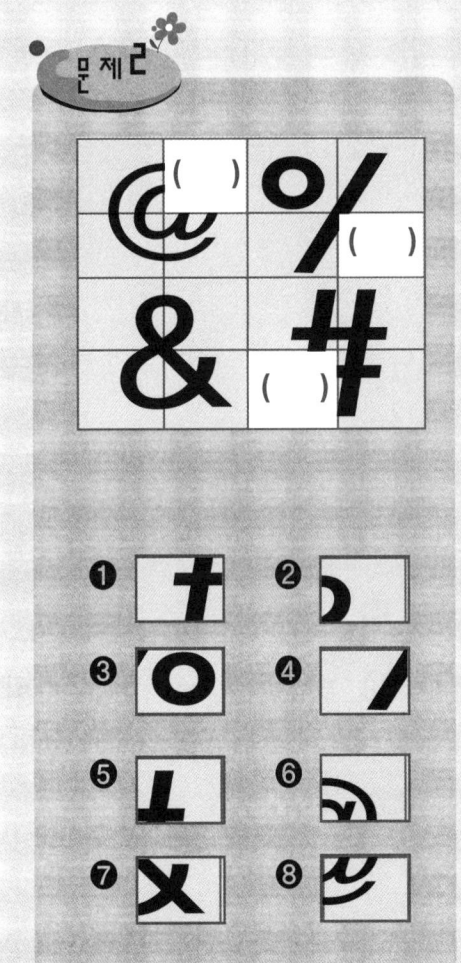

1. 가로세로 낱말 찾기

다음 네모에서 알고 있는 낱말을 찾아 동그라미를 해 보세요.

여기서 찾은 낱말로 2~6번 문제를 풀어요!

전	기	농	★	동	전	★	천	연	★
관	서	번	듬	뿍	우	물	치	못	역
김	매	기	미	또	★	장	★	굴	★
★	구	실	역	래	도	난	생	김	새
덩	굴	손	인	정	머	리	★	관	심

내가 찾은 낱말 ___ 개

2. 낱말 뜻 알기

다음 설명이나 그림이 뜻하는 낱말이 무엇인지 빈칸을 채워 보세요.

- 가. 훌륭한 인물의 한 생애를 적은 기록 ········ ☐ ☐ 기
- 나. 농사일이 매우 바쁜 시기로 모낼 때, 논맬 때, 추수할 때 등 ··· ☐ ☐ 기
- 다. 사람의 정, 즉 '인정(人情)'을 낮춰 부르는 말 ······ ☐ ☐ 머 리
- 라. 논밭의 잡초를 뽑는 일 ········ ☐ ☐ 기

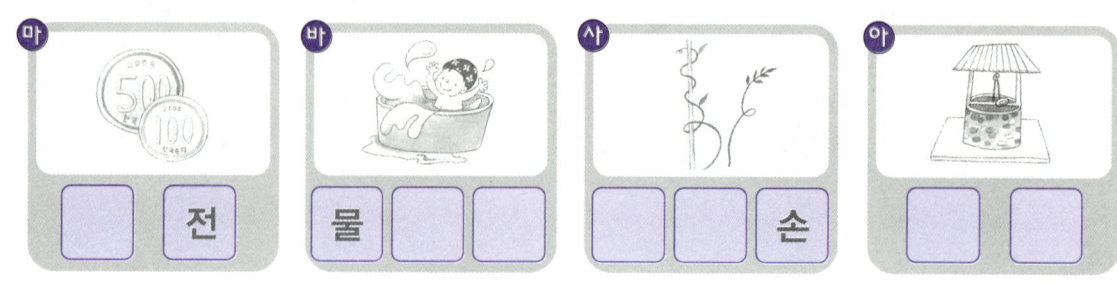

마. ☐ 전
바. 물 ☐ ☐
사. ☐ ☐ 손
아. ☐ ☐

비슷한 말 반대말 알기

다음에서 비슷한 뜻끼리 짝지어진 것에는 '='로, 반대의 뜻끼리 짝지어진 것에는 '↔'로 나타내거나, 부호에 알맞게 낱말을 채워 보세요.

문제 개수 6개

맞은 개수 ☐ 개
틀린 개수 ☐ 개

농번기	↔	(가)
천치	(나)	천재
미역	(다)	물장난

또래	(라)	동년배
김매기	(마)	피뽑기
덩굴손	(바)	넝쿨손

큰말 작은말 알기

낱말의 포함 관계에 따라 '<', 또는 '>'로 나타내고, 그림의 위치에 알맞게 낱말을 넣어 보세요.

문제 개수 9개

맞은 개수 ☐ 개
틀린 개수 ☐ 개

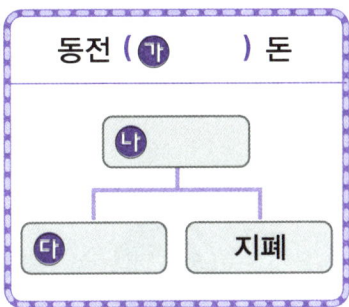
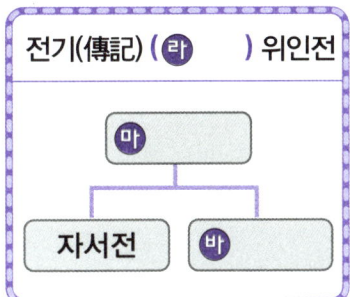
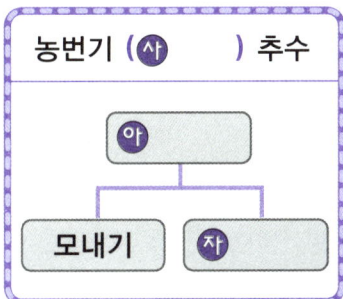

짝을 이루는 말 찾기

짝을 이루는 말을 찾아 동그라미 하고, 그 말의 뜻을 보기에서 찾아 번호를 쓰세요.

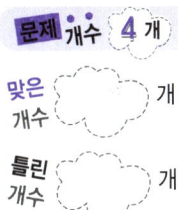

문제 개수 4개

맞은 개수 ☐ 개
틀린 개수 ☐ 개

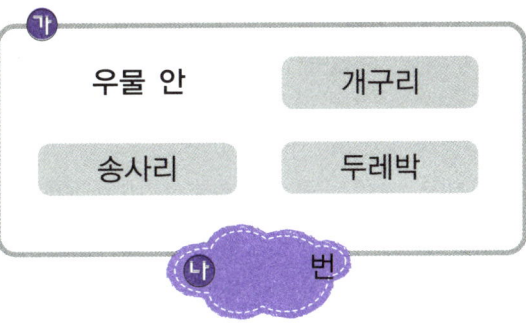
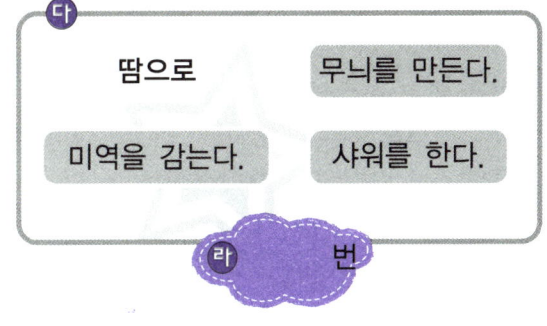

보기
① 넓은 세상을 알지 못하고 잘난 체 함.
② 땀을 매우 많이 흘림.

6 낱말 활용하기

다음 가~라의 ( )에 알맞은 낱말을 보기에서 찾아 번호를 쓰고, 마의 질문에 답해 보세요.

가 '티끌 모아 태산'이라고 (　　　)도 열심히 저금하면 큰돈이 된다.

나 농부들은 (　　　) 동안 열심히 일하고, (　　　) 동안 다음 해 농사를 준비한다.

다 (　　　)가 나가서 읽고 있던 이순신 (　　　)를 읽을 수 없었다.

라 (　　　) 없는 놀부 같은 사람은 되지 말아야겠다.

마 '우물 안 개구리'를 넣어 짧은 글을 지어 보세요.

→ _____

보기 ① 농번기 ② 농한기 ③ 동전 ④ 인정머리 ⑤ 또래 ⑥ 전기(電氣) ⑦ 전기(傳記)

총 문제 개수 (32)개 ｜ 총 맞은 개수 (　)개 ｜ 총 틀린 개수 (　)개

　가을이 되면 전국의 학교에서 가을맞이 운동회가 열립니다. 운동회에 참가하여 좋은 성적을 내고 싶습니다. 어떻게 준비하면 될까요?
　평소에 운동을 하지 않다가 준비 없이 운동회에 나가면 오히려 몸을 다칠 수도 있습니다. 여름이 지나면서 체력이 약해져 있는 데다 급격한 일교차 탓에 몸에 무리가 갈 수 있기 때문입니다. 또, 심장이 약한 사람은 갑자기 격한 운동을 하면 위험에 빠질 수도 있다고 합니다. 만약 평소에 운동을 하지 않던 사람이 운동회에 참여하려면 꼭 준비 운동을 하고 힘이 들면 무리하지 말고 멈추어야 합니다. 그러나 무엇보다 중요한 것은 평소에 조금씩이라도 운동을 꾸준히 하는 습관을 갖는 것이랍니다.
　여러분이 꾸준히 할 수 있는 운동을 하나 정하고 실천해 봅시다.

18회 머리 풀어주는 퍼즐

창의사고력 기초 다지기 판단 능력 쏙~

다음에서 □에 들어 있는 '가~하'를 찾아서 동그라미 하세요.

| 7 분 | 50 초 | | 분 | 초 |

1 가로세로 낱말 찾기

다음 네모에서 알고 있는 낱말을 찾아 동그라미를 해 보세요.

여기서 찾은 낱말로 2~6번 문제를 풀어요!

가	★	예	상	유	전	혼	합	물	★
루	관	찰	★	자	석	반	★	철	식
금	속	장	치	화	★	작	저	가	히
★	생	물	질	★	작	용	장	루	다
실	제	체	★	자	극	★	조	사	★

내가 찾은 낱말 ◯ 개

2 낱말 뜻 알기

다음 설명이나 그림이 뜻하는 낱말이 무엇인지 빈칸을 채워 보세요.

문제 개수 8개
맞은 개수 ◯ 개
틀린 개수 ◯ 개

㉮ 어버이의 성격, 체질, 형상 등의 성질이 자손에게 전해짐. ···· ☐ 전
㉯ 물건이나 재물 등을 모아서 간수함. ························· ☐ 장
㉰ 물체의 본바탕으로 자연계를 이루는 구성 요소의 하나 ····· ☐ 질
㉱ 어떤 현상을 일으키거나 영향을 미침. ······················ ☐ 용

㉲ 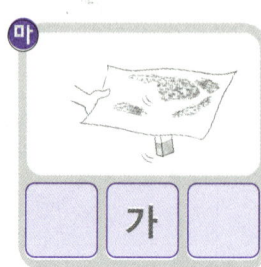 ☐ 가 ☐

㉳ 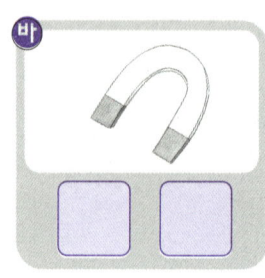 ☐ ☐

㉴ 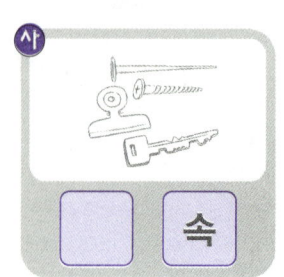 ☐ 속 ☐

㉵  ☐ ☐ 물

82

3. 비슷한 말 반대말 알기

문제 개수 6개

다음에서 비슷한 뜻끼리 짝지어진 것에는 '='로, 반대의 뜻끼리 짝지어진 것에는 '↔'로 나타내거나, 부호에 알맞게 낱말을 채워 보세요.

작용	↔	(가)
저장	(나)	보관
자석	(다)	지남철

식히다	(라)	덥히다
가루	(마)	분말
장치	(바)	설비

4. 큰 말 작은 말 알기

문제 개수 9개

낱말의 포함 관계에 따라 '<', 또는 '>'로 나타내고, 그림의 위치에 알맞게 낱말을 넣어 보세요.

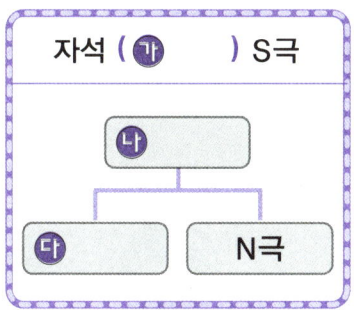
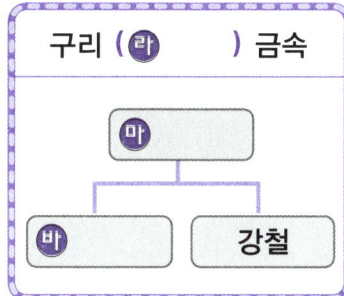
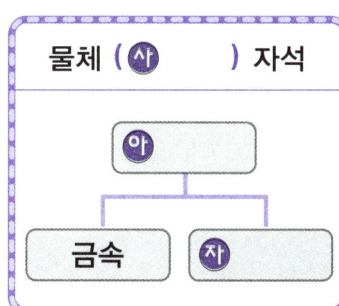

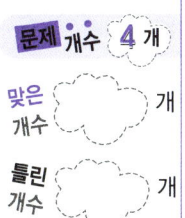

5. 짝을 이루는 말 찾기

문제 개수 4개

짝을 이루는 말을 찾아 동그라미 하고, 그 말의 뜻을 보기 에서 찾아 번호를 쓰세요.

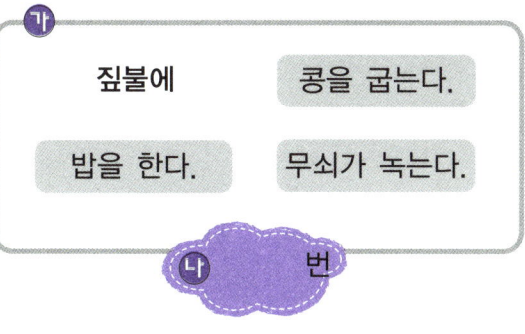
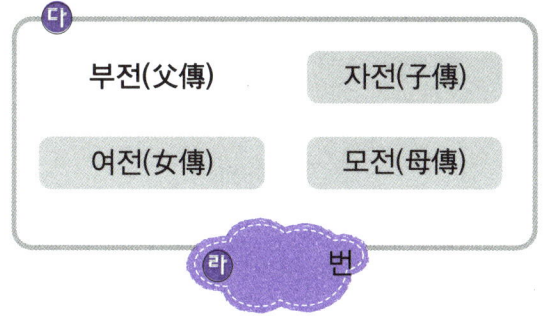

보기
① 약한 것이라도 큰일을 해낼 수 있다.
② 아버지가 아들에게 대대로 전하다.

6 낱말 활용하기

다음 가~라의 ( )에 알맞은 낱말을 보기에서 찾아 번호를 쓰고, 마의 질문에 답해 보세요.

문제 개수 5개
맞은 개수 ◯개
틀린 개수 ◯개

가 이 자동차는 운전 중 갑자기 차가 서는 것에 대비한 안전 (　　　)이/가 있다.
나 우리의 (　　　)을/를 뒤엎고 가장 약해 보였던 그가 챔피언이 되었다.
다 내 눈의 쌍꺼풀은 엄마를 닮은 거야. 즉 (　　　)(이)라고 할 수 있지.
라 황사는 눈에 보이지 않는 모래 (　　　)이/가 바람을 타고 우리나라로 불어오는 거야.
마 '부전자전(父傳子傳)'을 넣어 짧은 글을 지어 보세요.
→ _____

보기 ① 가루 ② 예상 ③ 유전 ④ 금속 ⑤ 생물 ⑥ 식히다. ⑦ 장치

총 문제 개수 32개 │ 총 맞은 개수 ◯개 │ 총 틀린 개수 ◯개

예빈이는 TV 드라마를 매우 좋아하여 하루라도 TV를 안 보는 날이 없는 어린이입니다. 예빈이 아빠는 그런 예빈이가 걱정되어 TV 안 보기 운동을 하기로 했습니다. 그리고 TV 보기 계획표를 세웠습니다.

먼저, 일주일에 하루는 TV를 보지 않고 책을 읽거나 공원에 놀러가기로 하였습니다. 또, 하루에 정해진 시간만큼만 청소년을 위해 만들어진 청소년 드라마나 만화를 보기로 하였습니다. 그리고 나머지 시간은 공부를 하고 동생들과 놀아주는 데에 쓰기로 하였습니다.

예빈이처럼 TV를 매우 좋아하는 친구들이 많을 텐데요, 예빈이처럼 계획표를 세우고 실천해 보는 것은 어떨까요?

19회 머리 풀어주는 퍼즐

창의사고력 기초 다지기 정보처리능력

도전 시간 00분 25초
걸린 시간 　분　초

다음 중 가장 큰 수를 찾아 동그라미 하세요.

삼십육　8÷2　　　九
8-7　39　십칠　3+4
25　10+2　9×4　7+6
七　십구　40　육십일
　　四　4÷2

1 가로세로 낱말 찾기

다음 네모에서 알고 있는 낱말을 찾아 동그라미를 해 보세요.

★	통	일	삼	팔	선	★	실	평	화
겨	★	문	이	산	가	족	향	분	단
레	북	화	침	전	쟁	★	민	족	★
남	녘	어	략	한	반	도	★	소	원
★	백	의	민	족	★	판	문	점	★

여기서 찾은 낱말로 2~6번 문제를 풀어요!

내가 찾은 낱말 　개

2 낱말 뜻 알기

다음 설명이나 그림이 뜻하는 낱말이 무엇인지 빈칸을 채워 보세요.

문제 개수 8개
맞은 개수 　개
틀린 개수 　개

- 가) 고향을 잃고 다른 곳에서 지내는 사람들 ········ □□민
- 나) 서로 나뉘도록 완전히 잘라 버리는 것 ·········· □단
- 다) 북한의 표준말 ······························ □어
- 라) 같은 핏줄을 이어받은 민족 ··················· □레

□반□

전□

□가족

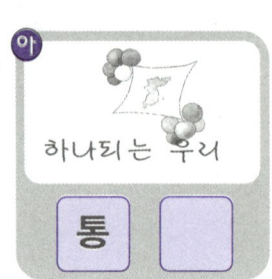
통□

86

3. 비슷한 말 반대말 알기

다음에서 비슷한 뜻끼리 짝지어진 것에는 '='로, 반대의 뜻끼리 짝지어진 것에는 '↔'로 나타내거나, 부호에 알맞게 낱말을 채워 보세요.

문제 개수 6개

맞은 개수   개
틀린 개수   개

실향민	(가)	토박이
북녘	(나)	북한
통일	(다)	분단

한반도	(라)	우리나라
평화	↔	(마)
침략	(바)	공격

4. 큰 말 작은 말 알기

낱말의 포함 관계에 따라 '<', 또는 '>'로 나타내고, 그림의 위치에 알맞게 낱말을 넣어 보세요.

문제 개수 9개

맞은 개수   개
틀린 개수   개

북한 (가   ) 겨레
- 나
  - 남한
  - 다

분단 (라   ) 휴전선
- 마
  - 판문점
  - 바

우리말 (사   ) 문화어
- 아
  - 표준어
  - 자

5. 짝을 이루는 말 찾기

짝을 이루는 말을 찾아 동그라미 하고, 그 말의 뜻을 보기 에서 찾아 번호를 쓰세요.

문제 개수 4개

맞은 개수   개
틀린 개수   개

(가)
| 피는 | 물보다 진하다. |
| 통한다. | 거꾸로 솟는다. |

(나) 번

(다)
| 남남 | 북북 |
| 북녀 | 북남 |

(라) 번

보기
① 남자는 남쪽 사람이, 여자는 북쪽 사람이 더 고움.
② 혈연으로 맺은 관계가 정이 더 깊음.

6 낱말 활용하기

문제 개수 5개
맞은 개수 ( )개
틀린 개수 ( )개

다음 ㉮~㉱의 ( )에 알맞은 낱말을 보기에서 찾아 번호를 쓰고, ㉲의 질문에 답해 보세요.

㉮ 우리 민족은 흰옷을 즐겨 입어 ( )(으)로 불리었다.
㉯ 전쟁이 끝나고 고향을 잃은 많은 ( )이/가 생겨났다.
㉰ ( ) 후 우리는 표준어를 쓰고 북한은 ( )을/를 쓰게 되었다.
㉱ 빨리 ( )이/가 되어 많은 ( )이/가 만나는 그날이 왔으면 좋겠다.
㉲ '피는 물보다 진하다.'는 어떤 경우에 쓰이는 말인지 써 보세요.

→ _____

보기 ① 겨레 ② 문화어 ③ 백의민족 ④ 분단 ⑤ 실향민 ⑥ 이산가족 ⑦ 통일

총 문제 개수 32개 : 총 맞은 개수 ( )개 : 총 틀린 개수 ( )개

좋은 습관 다지는 72 / 좋은 습관과 나쁜 습관

'세살 버릇 여든까지 간다.'라는 속담이 있습니다. 아주 어릴 때 만들어진 습관이 나이가 들어서도 오래도록 계속된다는 뜻입니다. 그만큼 습관이란 우리가 생각하는 것보다 훨씬 커다란 힘을 가지고 있습니다. 우리가 어떤 행동을 자주 반복하면 습관이 되는 것인데, 일단 그 행동이 습관이 되면 처음과는 비교가 안 될 만큼 커다란 힘을 얻게 됩니다.

아침 일찍 일어나기, 웃는 얼굴 하기, 오늘 일을 내일로 미루지 않기, 중요한 내용을 메모하기 등의 좋은 습관을 가지는 것은 매우 어렵지만, 한번 가지게 되면 우리가 살아가는 데 큰 도움이 됩니다. 반대로 늦잠 자기, 다리 떨기, 손톱 깨물기, 밤늦게까지 컴퓨터 게임하기 등의 나쁜 습관을 만드는 것은 매우 쉬운데, 한번 가지게 되면 우리가 살아가는 데 큰 방해가 됩니다. 그러므로 나쁜 습관을 고치고 좋은 습관을 많이 만들도록 노력해야 합니다.

창의사고력 기초 다지기 계산능력

사다리를 타고 내려가면서, 같은 모양끼리 계산이 이루어지도록 빈칸을 채워 보세요.

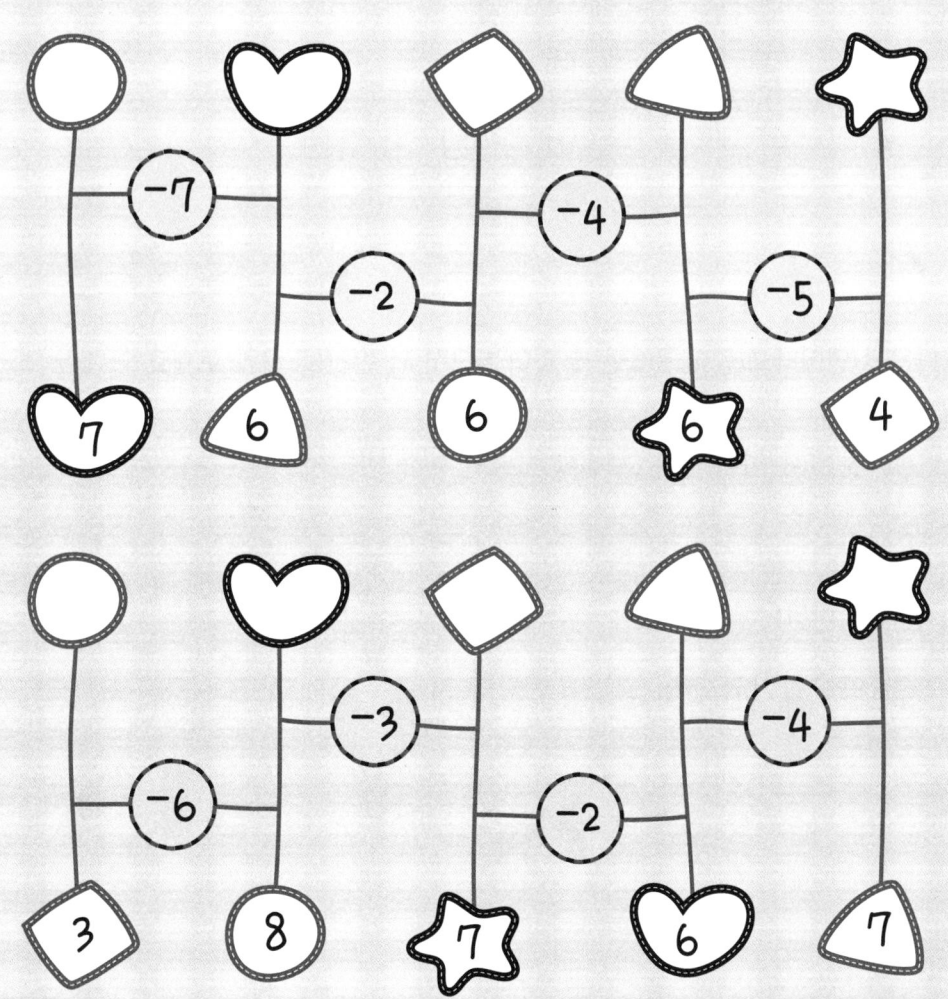

도전시간 7분 40초 걸린시간 분 초

1 가로세로 낱말 찾기

다음 네모에서 알고 있는 낱말을 찾아 동그라미를 해 보세요.

여기서 찾은 낱말로 2~6번 문제를 풀어요!

그	제	야	장	망	도	★	동	움	★
★	말	썽	난	부	문	토	굴	막	바
기	★	망	주	석	지	부	룹	뜨	다
세	장	솟	대	★	기	당	돌	하	다
★	승	★	비	탈	진	★	청	지	기

내가 찾은 낱말 ___ 개

2 낱말 뜻 알기

다음 설명이나 그림이 뜻하는 낱말이 무엇인지 빈칸을 채워 보세요.

문제 개수 8개
맞은 개수 ___ 개
틀린 개수 ___ 개

가) 앞에서 이야기한 그때에 이르러서야 비로소 ········ ☐ ☐ 야
나) 기운차게 뻗치는 형세 ························· ☐ 세
다) 꺼리거나 어려워하는 마음 없이 할 것을 다하다. ····· ☐ 하 다
라) 양반집에서 잡일을 맡아보거나 시중을 들던 사람 ······ 청 ☐

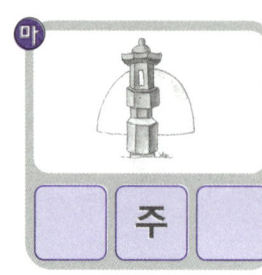
☐ 주 ☐

눈을 ☐ 뜨다

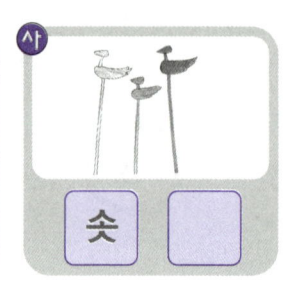
솟 ☐

탈 ☐ ☐

 **비슷한 말 반대말 알기**

다음에서 비슷한 뜻끼리 짝지어진 것에는 '='로, 반대의 뜻끼리 짝지어진 것에는 '↔'로 나타내거나, 부호에 알맞게 낱말을 채워 보세요.

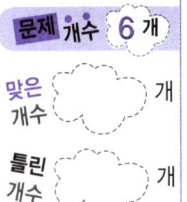

기세	(가)	형세
그제야	(나)	미처
당돌하다	(다)	소심하다

땅굴	(라)	토굴
토막(土幕)	=	(마)
비탈진	(바)	평평한

 **큰 말 작은 말 알기**

낱말의 포함 관계에 따라 '<', 또는 '>'로 나타내고, 그림의 위치에 알맞게 낱말을 넣어 보세요.

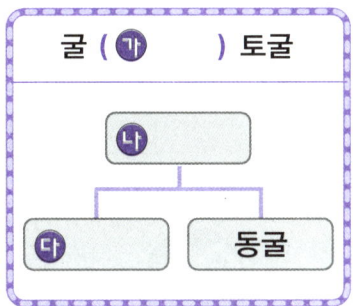
굴 (가) 토굴

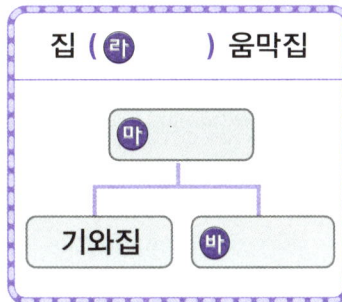
집 (라) 움막집

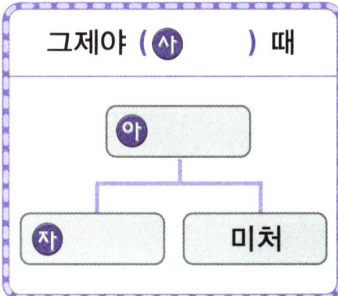
그제야 (사) 때

짝을 이루는 말 찾기

짝을 이루는 말을 찾아 동그라미 하고, 그 말의 뜻을 보기에서 찾아 번호를 쓰세요.

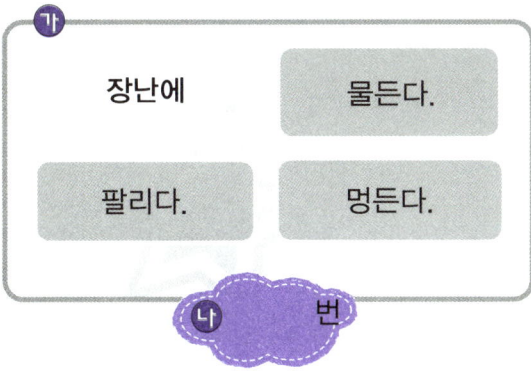

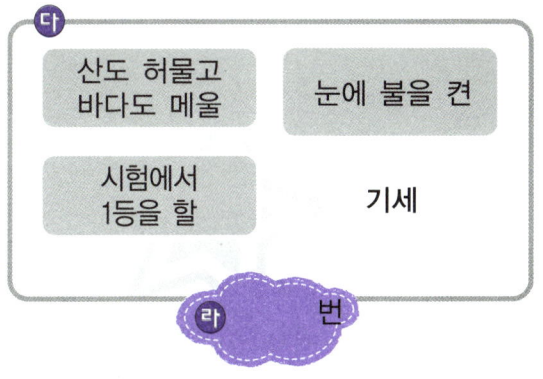

보기
① 어떤 어려운 일도 해내려는 왕성한 기세
② 장난에 온 정신이 쏠려서 무엇이 어떻게 되어 가는지 모름.

6 낱말 활용하기

다음 가~라의 ( )에 알맞은 낱말을 보기에서 찾아 번호를 쓰고, 마의 질문에 답해 보세요.

문제 개수 5개

가 ( )은/는 무덤가에 세우는 팔각 모양의 돌이다.

나 평평한 길을 달릴 때보다 ( ) 길을 달릴 때 힘이 더 든다.

다 옛날 궁궐에는 문을 지키는 ( )이/가 따로 있어 백성들이 다가가지 못했다.

라 동생이 ( )을/를 피워 나까지 엄마에게 꾸중을 들었다.

마 '장난에 팔리다.' 를 넣어 짧은 글을 지어 보세요.

→ _____

보기 ① 그제야 ② 비탈진 ③ 당돌한 ④ 망주석 ⑤ 문지기 ⑥ 움막 ⑦ 말썽

총 문제 개수 32개 | 총 맞은 개수 ( )개 | 총 틀린 개수 ( )개

생각하고 되새기는 72

칭찬은 고래도 춤추게 한다

'칭찬은 고래도 춤추게 한다' 는 칭찬이 커다란 힘을 가지고 있다는 뜻입니다.

여러분은 누군가에게 칭찬을 받은 적이 있나요? 그럴 때마다 어떠한 기분이 들었나요? 누군가에게 칭찬을 받는다는 것은 바로 여러분 자신이 중요하다고 인정받는 일이기도 해요.

여러분이 칭찬을 받고 기분이 좋았던 것처럼 누군가에게 칭찬을 해 준다면, 그들 또한 행복을 느낄 거예요. 언제나 다른 이를 칭찬하고 인정해 주세요. 놀랍게도 칭찬을 하는 여러분의 마음도 행복해질 것입니다.

머리 풀어주는 퍼즐

도전 시간	걸린 시간
00 분 15 초	분 초

창의사고력 기초 다지기 주의집중력 쑥~

왼쪽과 오른쪽 그림을 비교하여 같은 그림이면 ○표, 다른 그림이면 ×표를 하세요.

1 가로세로 낱말 찾기

다음 네모에서 알고 있는 낱말을 찾아 동그라미를 해 보세요.

여기서 찾은 낱말로 2~6번 문제를 풀어요!

달	★	그	망	우	주	선	자	전	운
★	별	음	원	공	★	상	월	식	석
보	름	달	경	전	하	현	달	★	구
★	소	수	★	초	승	달	탐	사	덩
크	레	이	터	★	천	체	당	★	이

내가 찾은 낱말 ⬚ 개

2 낱말 뜻 알기

다음 설명이나 그림이 뜻하는 낱말이 무엇인지 빈칸을 채워 보세요.

문제 개수 8개
맞은 개수 ⬚ 개
틀린 개수 ⬚ 개

- 가) 수학에서 0보다 크고 1보다 작은 수로 0 다음에 점을 찍어 나타냄. ⬚⬚
- 나) 우주의 행성들이 스스로 도는 운동 ········ ⬚ 전
- 다) 달이 지구의 그림자에 가려 전부나 일부가 보이지 않는 현상 ··· ⬚ 월
- 라) 알려지지 않은 사물이나 사실 따위를 샅샅이 더듬어 조사함. ··· ⬚ 사

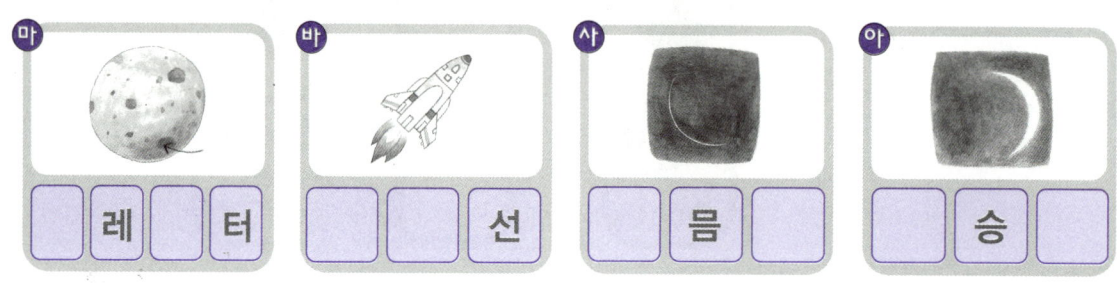

마) ⬚ 레 터
바) ⬚ ⬚ 선
사) ⬚ 음
아) ⬚ 승 ⬚

3 비슷한 말 반대말 알기

다음에서 비슷한 뜻끼리 짝지어진 것에는 '=' 로, 반대의 뜻끼리 짝지어진 것에는 '↔' 로 나타내거나, 부호에 알맞게 낱말을 채워 보세요.

문제 개수 6개
맞은 개수 ⬚ 개
틀린 개수 ⬚ 개

자전	(가)	공전
천체	(나)	우주
상현달	↔	(다)

초승달	(라)	그믐달
크레이터	(마)	운석구덩이
망원경	(바)	천리경

4 큰 말 작은 말 알기

낱말의 포함 관계에 따라 '<', 또는 '>'로 나타내고, 그림의 위치에 알맞게 낱말을 넣어 보세요.

문제 개수 9개
맞은 개수 ⬚ 개
틀린 개수 ⬚ 개

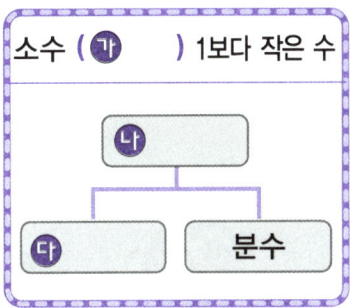
소수 (가) 1보다 작은 수
- 나
  - 다
  - 분수

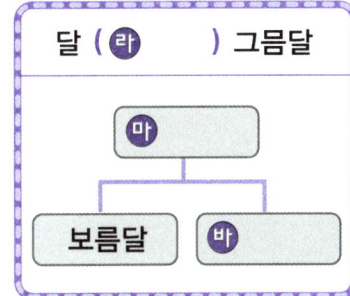
달 (라) 그믐달
- 마
  - 보름달
  - 바

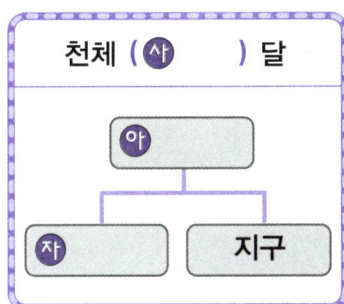
천체 (사) 달
- 아
  - 자
  - 지구

5 짝을 이루는 말 찾기

짝을 이루는 말을 찾아 동그라미 하고, 그 말의 뜻을 보기에서 찾아 번호를 쓰세요.

문제 개수 4개
맞은 개수 ⬚ 개
틀린 개수 ⬚ 개

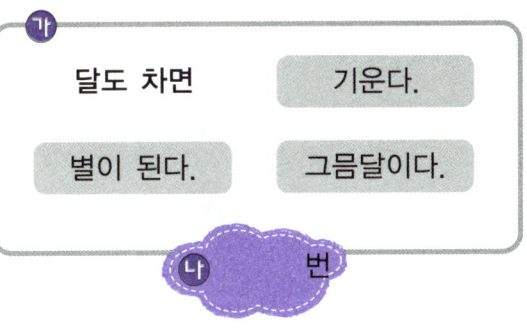
(가)
달도 차면 | 기운다.
별이 된다. | 그믐달이다.
(나) 번

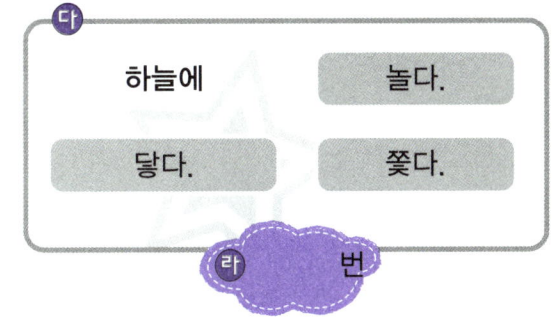
(다)
하늘에 | 놀다.
닿다. | 쫓다.
(라) 번

보기
① 무엇이 크고 높거나 많다.
② 무엇이든 계속 좋을 수만은 없다.

6 낱말 활용하기

다음 가~라의 ( )에 알맞은 낱말을 보기에서 찾아 번호를 쓰고, 마의 질문에 답해 보세요.

문제 개수 5개
맞은 개수 ◯개
틀린 개수 ◯개

가 수학에서 분수 $\frac{1}{2}$은 (　　　)(으)로 0.5이다.
나 옛날 사람들은 지구의 그림자가 해를 가리는 (　　　)을/를 불길한 일로 생각했다.
다 지구는 스스로 (　　　)하고, 달은 지구의 주위를 (　　　)한다.
라 멀리 있는 것을 보기 위해서는 (　　　)이/가 꼭 필요하다.
마 '하늘에 닿다.'를 넣어 짧은 글을 지어 보세요.

→ _____

보기 ① 망원경 ② 우주선 ③ 일식 ④ 자전 ⑤ 공전 ⑥ 소수 ⑦ 초승달

총 문제 개수 32개 | 총 맞은 개수 ◯개 | 총 틀린 개수 ◯개

생각하고 되새기는 72 진정한 성공의 의미

여러분은 '성공하고 싶다!', '나는 꼭 성공할 거야!'라는 생각을 해 본 적이 있나요? 그렇다면 여러분이 생각하는 성공이란 무엇인가요? 성공이란 우리가 인생에서 바라고 소망하는 목표를 이루는 것을 말합니다. 그런데, 사람마다 성공의 기준은 모두 다릅니다. 어떤 사람은 돈을 많이 벌어 부자가 되는 것을 성공이라고 생각하고, 어떤 사람은 유명한 사람이 되어 이름을 널리 알리는 것을 성공이라고 생각하기도 합니다. 또 어떤 사람은 성공이란 예전부터 간절히 바란 일을 이루는 것이라고 생각하기도 합니다.

브라이언 트레이시는 "성공이란 당신이 가장 즐기는 일을 당신이 감탄하고 존경하는 사람들 속에서 원하는 방식으로 행하는 것이다."라고 하였습니다. 진정한 성공을 하기 위해서는 먼저 자신이 생각하는 성공에 대하여 열심히 고민한 후 실천해야 합니다.

22회 머리 풀어주는 퍼즐

창의사고력 기초 다지기 연상추리력 쑥~

도전 시간 00분 25초 / 걸린 시간 분 초

다음 ❶~❸ 중 보기의 주사위와 같은 모양을 찾아보세요.

문제 1

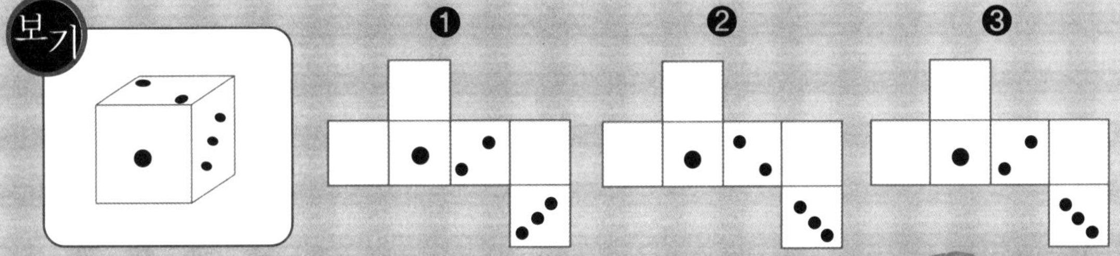

번

문제 2

번

낱말이 쏙 생각이 쑥

도전시간 6분 40초   걸린시간 　분　초

1 가로세로 낱말찾기

다음 네모에서 알고 있는 낱말을 찾아 동그라미를 해 보세요.

여기서 찾은 낱말로 2~6번 문제를 풀어요!

공	공	기	관	★	우	불	법	주	차
★	민	★	복	구	체	예	방	★	량
보	원	경	지	청	국	경	로	당	전
건	★	찰	기	초	생	활	방	범	염
소	방	서	서	류	★	단	속	★	병

내가 찾은 낱말 　개

2 낱말 뜻 알기

다음 설명이나 그림이 뜻하는 낱말이 무엇인지 빈칸을 채워 보세요.

문제 개수 8개
맞은 개수 　개
틀린 개수 　개

㉮ 노인들이 모여 여가를 즐길 수 있도록 마련한 집이나 방 ‥ ☐ ☐ 당

㉯ 세균, 바이러스 등이 다른 사람에게 옮겨져 집단으로 걸리는 병 ‥ ☐ ☐ 병

㉰ 삶을 행복하도록 함. ‥‥‥‥‥‥‥‥‥‥‥‥‥‥‥ ☐ 지

㉱ 주민이 구청 등 행정 기관에 대하여 원하는 바를 요구하는 일 ‥ ☐ 민

㉲ 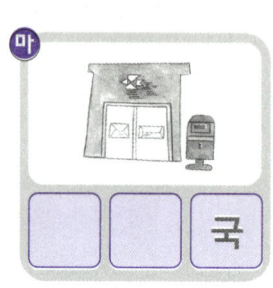 ☐ ☐ 국

㉳ 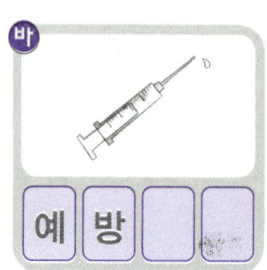 예 방 ☐

㉴ 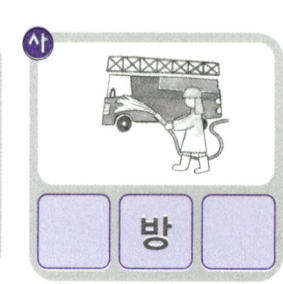 ☐ 방 ☐

㉵  ☐ 류

98

3 비슷한 말 반대말 알기

다음에서 비슷한 뜻끼리 짝지어진 것에는 '='로, 반대의 뜻끼리 짝지어진 것에는 '↔'로 나타내거나, 부호에 알맞게 낱말을 채워 보세요.

문제 개수 5개
맞은 개수 ○개
틀린 개수 ○개

방범	(가)	치안
공공기관	↔	사(私)기관
경로당	(나)	노인정

전염병	(다)	돌림병
불법	(라)	합법
차량	(마)	차

4 큰 말 작은 말 알기

낱말의 포함 관계에 따라 '<', 또는 '>'로 나타내고, 그림의 위치에 알맞게 낱말을 넣어 보세요.

문제 개수 9개
맞은 개수 ○개
틀린 개수 ○개

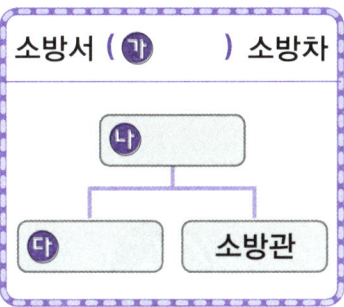
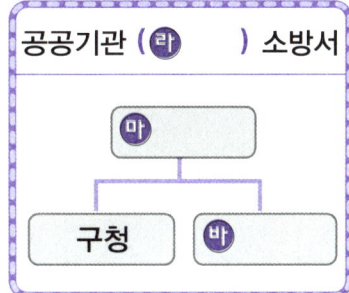
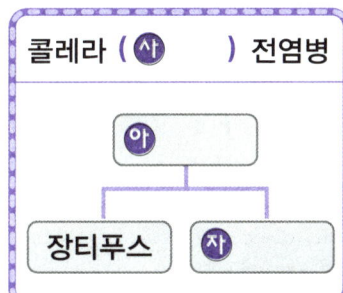

5 짝을 이루는 말 찾기

짝을 이루는 말을 찾아 동그라미 하고, 그 말의 뜻을 보기에서 찾아 번호를 쓰세요.

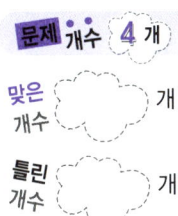

문제 개수 4개
맞은 개수 ○개
틀린 개수 ○개

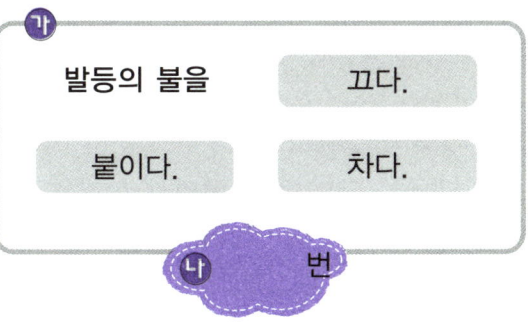
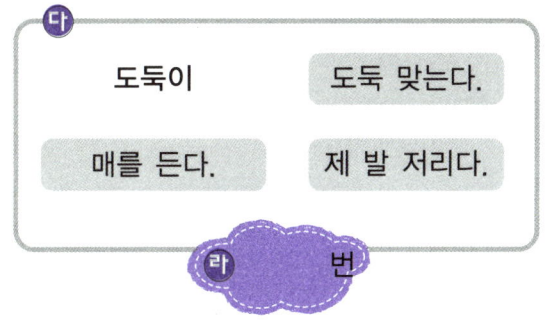

보기
① 눈앞에 닥친 어려운 일을 처리하거나 해결하다.
② 지은 죄가 있어 마음이 조마조마해지다.

6 낱말 활용하기

다음 ㉮~㉰의 ( )에 알맞은 낱말을 보기 에서 찾아 번호를 쓰고, ㉱의 질문에 답해 보세요.

㉮ 연말에는 크리스마스 카드와 연하장으로 (　　)이/가 더욱 바빠진다고 한다.
㉯ 불이 나면 빨리 (　　)에 연락하여 소방관들의 도움을 받아야 한다.
㉰ 구청은 주차장이 아닌 곳에 차를 세우는 (　　)을/를 단속하는 일도 하고 있다.
㉱ (　　)은/는 노인을 공경하는 마음으로 마련한 장소이다.
㉲ '도둑이 제 발 저리다.' 는 어떤 경우에 쓰이는 말인지 써 보세요.

→ _____

보기 ① 소방서   ② 구청   ③ 우체국   ④ 불법 주차   ⑤ 단속   ⑥ 서류   ⑦ 경로당

총 문제 개수 31개 | 총 맞은 개수 　 개 | 총 틀린 개수 　 개

누구나 어디에서든지 환영받는 사람이 되고 싶어 하는데, 그것은 그다지 어려운 일이 아닙니다. 바로, '듣기의 마술' 이 있기 때문입니다.

대부분의 사람들은 듣는 것보다는 말하는 것에 익숙합니다. 다른 사람이 이야기를 할 때 집중하지 않고 다른 생각을 하거나, 말을 중간에 끊고 자신의 이야기를 하기도 합니다. 이런 사람들은 다른 사람의 말을 잘못 기억하거나 다른 뜻으로 받아들여 오해가 생기기 쉽습니다.

다른 사람이 이야기를 할 때 집중해서 잘 들어 주고 말을 중간에 끊지 않는 사람들은 다른 사람의 말을 잘 이해하고 좋은 대답을 해 줄 수 있습니다. 때로는 아무 말 없이 들어 주는 것만으로도 그 사람의 마음을 편하게 해 줄 수도 있습니다. 이런 사람들이 '듣기의 마술' 을 가지고 있는 사람입니다. 우리 친구들도 '듣기의 마술' 을 가지게 된다면 어디를 가든지 환영받는 사람이 될 것입니다.

23회 머리 풀어주는 퍼즐

창의사고력 기초 다지기 판단능력 쑥~

도전 시간 00분 20초 / 걸린 시간 분 초

 의 모양을 이용하여 △▲▲▲ 를 묶어 보세요.

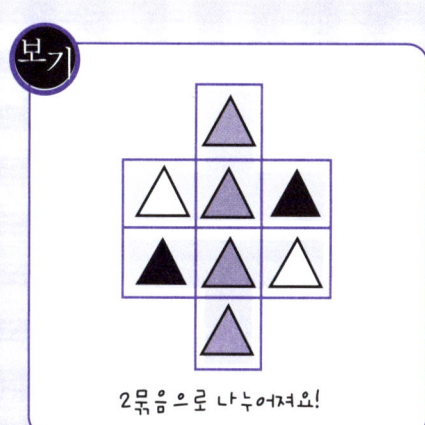
보기
2묶음으로 나누어져요!

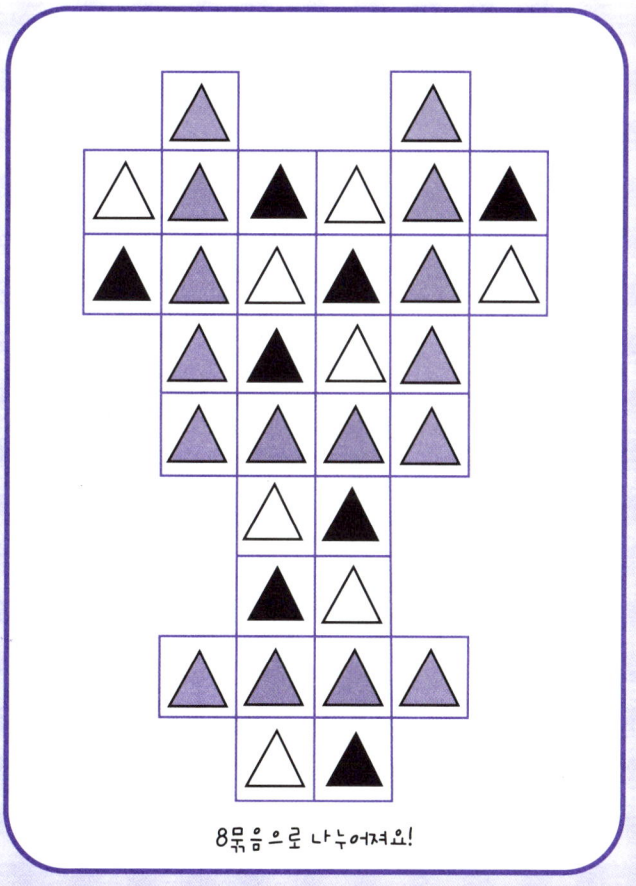
8묶음으로 나누어져요!

7 분 30 초 | 분 초

1 가로세로 낱말 찾기

다음 네모에서 알고 있는 낱말을 찾아 동그라미를 해 보세요.

여기서 찾은 낱말로 2~6번 문제를 풀어요!

꿀	밤	송	이	탯	줄	★	솔	방	울
★	도	무	지	★	기	엄	깃	콧	물
마	★	나	아	리	랑	숙	하	잔	★
구	고	가	물	가	물	하	다	등	잔
★	소	나	기	억	★	다	★	불	디

내가 찾은 낱말 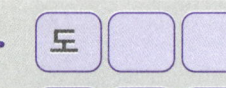 개

2 낱말 뜻 알기

다음 설명이나 그림이 뜻하는 낱말이 무엇인지 빈칸을 채워 보세요.

문제 개수 8개
맞은 개수 ◯ 개
틀린 개수 ◯ 개

- 가) 이러니저러니 아무리 해도 ⋯⋯⋯⋯⋯⋯⋯⋯⋯⋯⋯ 도 ☐ ☐
- 나) 우리 민족 고유의 타령으로 지방마다 다른 음률과 가사를 가짐. ⋯ ☐ ☐ 리
- 다) 말을 부리거나 타는 데 쓰는 기구 ⋯⋯⋯⋯⋯⋯⋯⋯⋯ 마 ☐ (馬具)
- 라) 콧등의 잘록한 부분, 또는 콧방울 위의 잘록하게 들어간 곳 ⋯ 콧 ☐

꿀 ☐

방 ☐

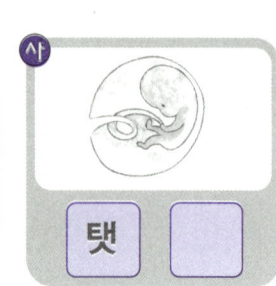
탯 ☐

☐ 잔

3. 비슷한 말 반대말 알기

문제 개수 5개

다음에서 비슷한 뜻끼리 짝지어진 것에는 '='로, 반대의 뜻끼리 짝지어진 것에는 '↔'로 나타내거나, 부호에 알맞게 낱말을 채워 보세요.

꿀밤	(가)	알밤
소나기	↔	장마
솔깃하다	(나)	관심 없다

엄숙하다	(다)	유쾌하다
가물가물하다	(라)	또렷하다
도무지	(마)	도통

4. 큰 말 작은 말 알기

문제 개수 9개

낱말의 포함 관계에 따라 '<', 또는 '>'로 나타내고, 그림의 위치에 알맞게 낱말을 넣어 보세요.

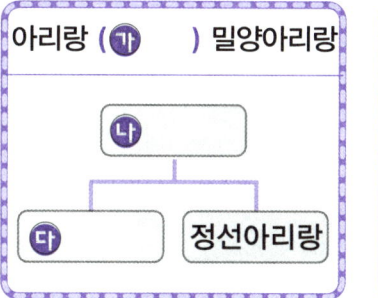
아리랑 (가) 밀양아리랑
나
다 / 정선아리랑

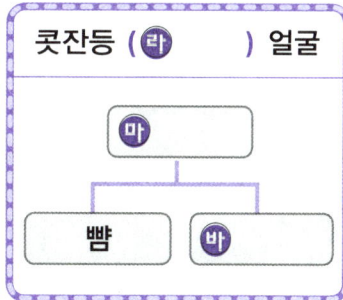
콧잔등 (라) 얼굴
마
뺨 / 바

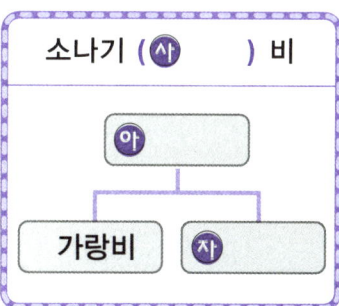
소나기 (사) 비
아
가랑비 / 자

5. 짝을 이루는 말 찾기

문제 개수 4개

짝을 이루는 말을 찾아 동그라미 하고, 그 말의 뜻을 보기 에서 찾아 번호를 쓰세요.

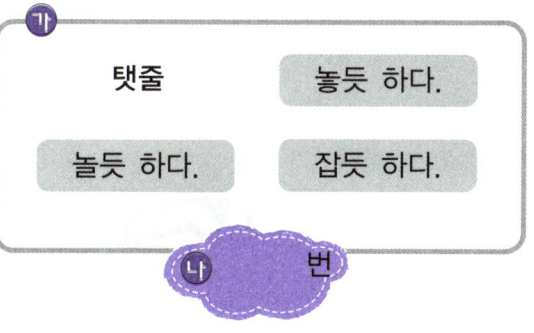
(가) 탯줄 / 놓듯 하다. / 놀듯 하다. / 잡듯 하다.
나 번

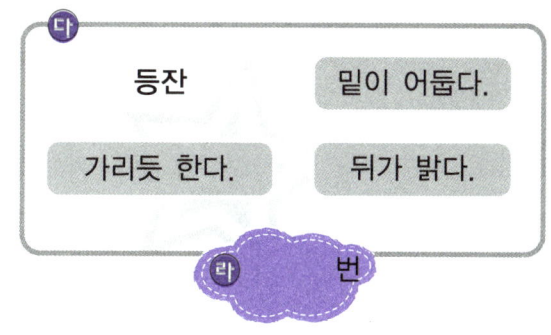
(다) 등잔 / 밑이 어둡다. / 가리듯 한다. / 뒤가 밝다.
라 번

보기
① 오히려 가까이 있는 것에 대해 잘 알기 어렵다.
② 무엇을 잔뜩 움켜잡다.

6 낱말 활용하기

다음 가~라의 ( )에 알맞은 낱말을 보기에서 찾아 번호를 쓰고, 마의 질문에 답해 보세요.

- 가 외국에 살고 있는 동포들은 (   )을/를 들을 때 더욱 고향 생각이 난다고 한다.
- 나 형에게 대들다가 공연히 (   )만 한 대 더 맞았다.
- 다 할머니의 장례식은 매우 (   ) 분위기에서 치러졌다.
- 라 우리 몸의 배꼽은 (   )을/를 자른 자리에 생긴 것이다.
- 마 '등잔 밑이 어둡다.'를 넣어 짧은 글을 지어 보세요.

→ _____

보기   ① 꿀밤   ② 엄숙한   ③ 마구(馬具)   ④ 가물가물한   ⑤ 탯줄   ⑥ 아리랑   ⑦ 솔깃한

총 문제 개수 ㉛ 개 ｜ 총 맞은 개수 ◯ 개 ｜ 총 틀린 개수 ◯ 개

생각하고 되새기는 하얀 거짓말

예빈이와 나라는 친한 친구 사이입니다. 예빈이는 작고 통통한 귀여운 친구이고 나라는 키가 크고 마른 예쁜 친구입니다. 어느 날, 예빈이는 나라에게 "나 너무 살찐 것 같지 않아? 뚱뚱하지 않아?"라고 물어보았습니다. 나라는 예빈이에게 "아니야. 너 정도면 딱 보기 좋고 귀여운 걸."이라고 말해 주었습니다. 사실, 나라는 예빈이가 좀 살이 찐 편이라고 생각했지만 사실대로 말하자니 예빈이가 속이 상할 것 같았고, 아니라고 말하자니 거짓말을 하게 되는 것 같아 속으로 고민이 되었습니다. 여러분이 나라라면 이런 경우에 어떻게 대답했을까요?

창의사고력 기초 다지기

도전 시간 00분 30초
걸린 시간 분 초

다음 보기와 같은 순서로 되어 있는 부분을 모두 찾아 동그라미 해 보세요. (단, 가로 모양만 찾아야 합니다.)

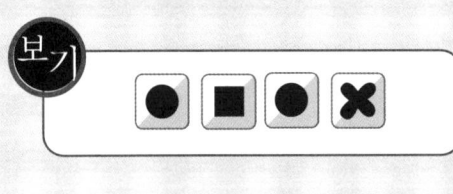

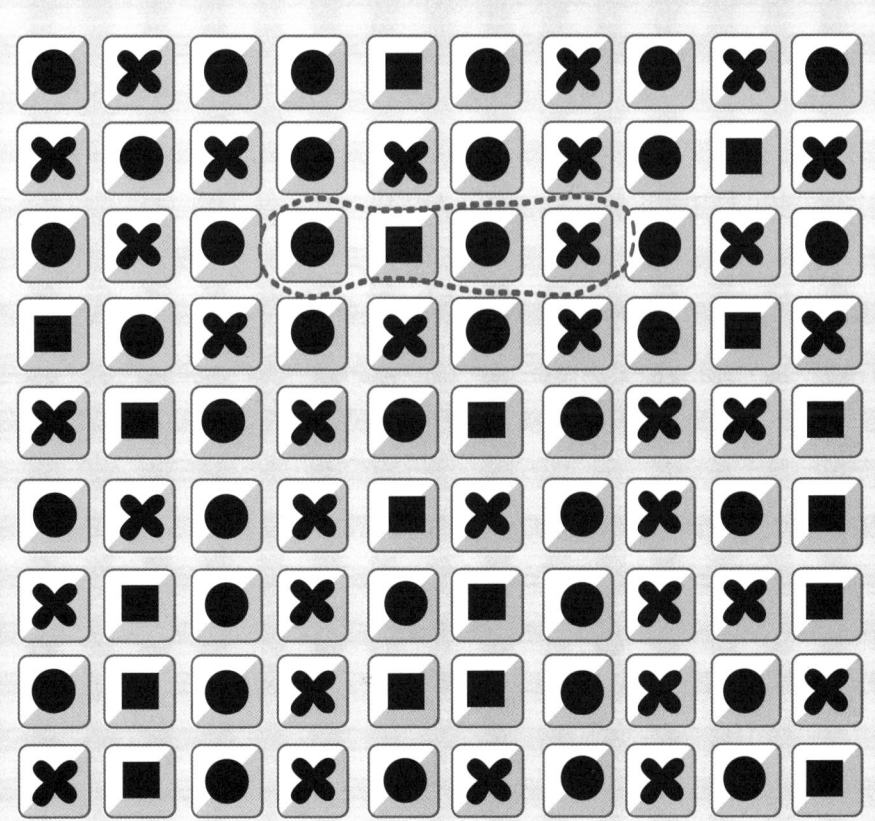

105

1 가로세로 낱말 찾기

다음 네모에서 알고 있는 낱말을 찾아 동그라미를 해 보세요.

잎	자	루	그	체	★	수	염	뿌	리
맥	줄	기	물	관	뭉	쳐	나	기	돌
나	란	히	맥	★	원	★	이	바	려
★	잎	차	례	뿌	뿌	도	테	★	나
마	주	나	기	리	리	넝	쿨	줄	기

여기서 찾은 낱말로 2~6번 문제를 풀어요!

내가 찾은 낱말 ____ 개

2 낱말 뜻 알기

다음 설명이나 그림이 뜻하는 낱말이 무엇인지 빈칸을 채워 보세요.

문제 개수 8개
맞은 개수 ____ 개
틀린 개수 ____ 개

- 가) 잎사귀 안에 있는 양분이 통하는 통로와 그것을 둘러싼 부분 ┄ ☐☐
- 나) 잎에서 만들어진 양분이 줄기나 뿌리로 통하는 통로 ┄┄┄ ☐ 관
- 다) 나팔꽃이나 포도처럼 다른 물체를 감고 올라가는 줄기 ┄ ☐ 줄 기
- 라) 잎이 줄기에 달려 있는 모양 ┄┄┄┄┄┄┄┄┄┄┄ ☐ 잎

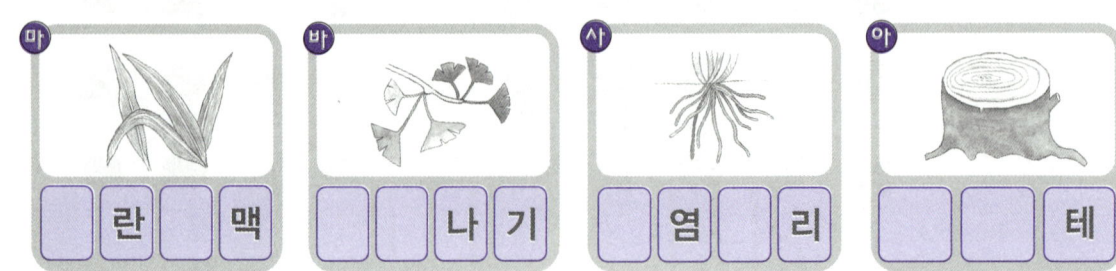

마) ☐ 란 맥   바) ☐ 나 기   사) ☐ 염 리   아) ☐ 테

3 비슷한 말 반대말 알기

다음에서 비슷한 뜻끼리 짝지어진 것에는 '='로, 반대의 뜻끼리 짝지어진 것에는 '↔'로 나타내거나, 부호에 알맞게 낱말을 채워 보세요.

나이테	(가)	성장률
잎	(나)	잎사귀
그물맥	(다)	나란히맥

잎차례	(라)	잎렬
넝쿨줄기	(마)	감는줄기
(바)	=	가지

4 큰 말 작은 말 알기

낱말의 포함 관계에 따라 '<', 또는 '>'로 나타내고, 그림의 위치에 알맞게 낱말을 넣어 보세요.

잎맥 (가) 나란히맥
- 나
  - 다
  - 그물맥

잎차례 (라) 돌려나기
- 마
  - 마주나기
  - 바

수염뿌리 (사) 뿌리
- 아
  - 자
  - 원뿌리

5 짝을 이루는 말 찾기

짝을 이루는 말을 찾아 동그라미 하고, 그 말의 뜻을 보기에서 찾아 번호를 쓰세요.

(가)
뿌리를 / 두다. / 뽑다. / 묻다.
(나 번)

(다)
가지 많은 나무에 / 바람 잘 날 없다. / 열매가 없다. / 새가 많이 든다.
(라 번)

보기
① 자식을 많이 둔 부모는 근심, 걱정이 끊일 날이 없다.
② 어떤 일의 근원을 없애 버리다.

6 낱말 활용하기

다음 ㉮~㉰의 ( )에 알맞은 낱말을 보기에서 찾아 번호를 쓰고, ㉺의 질문에 답해 보세요.

㉮ ( )이/가 깊은 나무는 가뭄에도 쉽게 죽지 않는다.
㉯ 나무의 나이를 아는 가장 쉬운 방법은 ( )을/를 보는 것이다.
㉰ 우리가 즐겨 먹는 옥수수의 잎은 잎맥이 나란한 ( )이다.
㉱ 가을에 ( )의 색이 변하는 것을 우리는 단풍이라고 한다.
㉲ '뿌리를 뽑다.'를 넣어 짧은 글을 지어 보세요.

→ _____

보기 ① 뿌리 ② 줄기 ③ 나란히맥 ④ 잎차례 ⑤ 물관 ⑥ 나이테 ⑦ 잎

총 문제 개수 (32)개 | 총 맞은 개수 ( )개 | 총 틀린 개수 ( )개

공부 의욕 다지는 – 행복은 성적순이 아니잖아요!

〈행복은 성적순이 아니잖아요〉는 1980년대에 유행한 영화의 제목입니다. 공부를 잘하는 사람이 꼭 행복해지는 것은 아니라는 뜻입니다. 물론, 공부를 잘해서 좋은 성적을 내어 좋은 대학에 가는 것이 행복해지는 길의 전부는 아니랍니다. 공부와 관계없는 일을 해서 훌륭하게 된 사람도 많고, 다른 재능을 열심히 키우고 있는 친구들도 많으니까요.

그러나 잊지 마세요. 공부와 성적이 인생의 전부는 아니지만 일부분이기는 하다는 것을요. 공부를 잘해서 꼭 좋은 성적을 거두는 것이 중요하다는 것이 아니라, 공부를 잘하기 위해 열심히 노력하는 자세가 중요하다는 뜻이에요. 어른들이 행복한 인생을 살기 위해 자신의 일을 열심히 하는 것처럼, 학생들도 자신들의 일인 공부를 성실히 해 나가는 것이 행복의 지름길이 아닐까요?

머리 풀어주는 퍼즐

도전 시간 00분 30초
걸린 시간 분 초

창의사고력 기초 다지기 계산능력 쑥~

사다리를 타고 내려가면서, 같은 모양끼리 계산이 이루어지도록 빈칸을 채워 보세요.

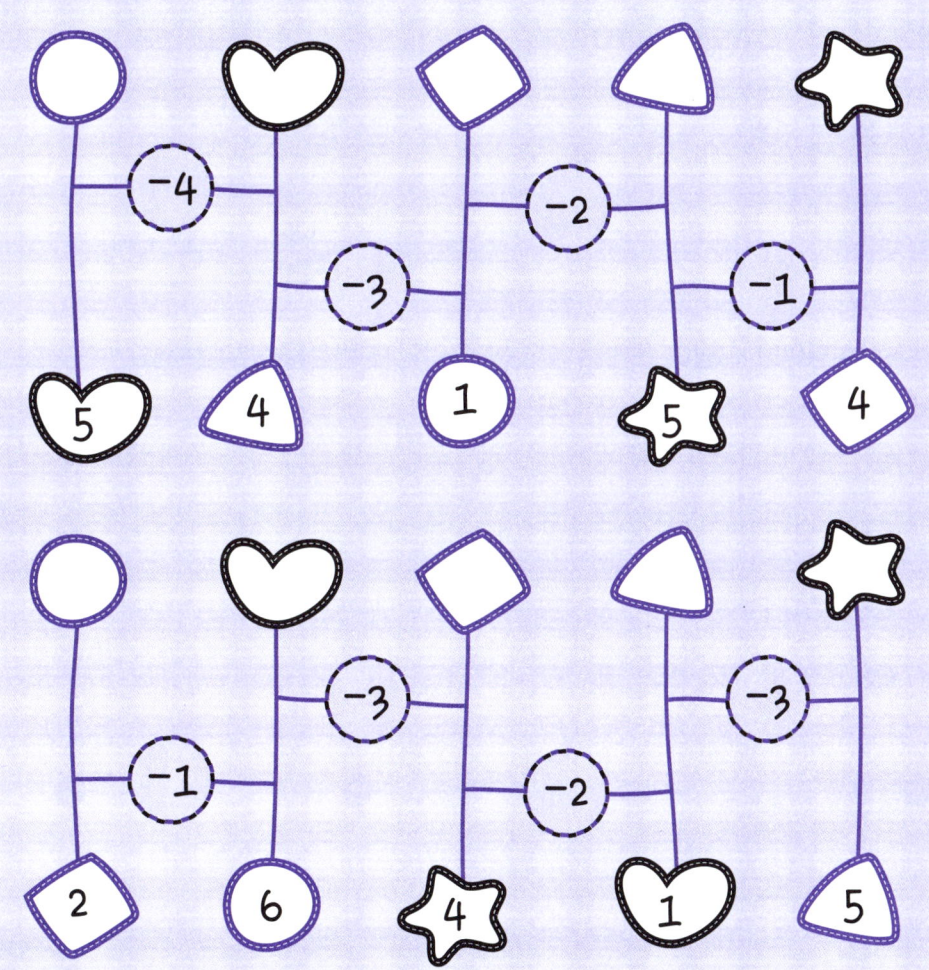

낱말이 쏙 생각이 쑥

도전시간 7 분 40 초 걸린시간 분 초

1 가로세로 낱말 찾기

다음 네모에서 알고 있는 낱말을 찾아 동그라미를 해 보세요.

여기서 찾은 낱말로 2~6번 문제를 풀어요!

★	제	납	골	당	비	녀	무	덤	성
관	례	★	부	고	★	장	송	곡	년
자	사	당	음	★	마	례	★	종	묘
상	여	★	의	식	도	★	추	도	★
복	★	상	주	★	상	투	모	초	상

내가 찾은 낱말 ___ 개

2 낱말 뜻 알기

다음 설명이나 그림이 뜻하는 낱말이 무엇인지 빈칸을 채워 보세요.

문제 개수 8개
맞은 개수 ___ 개
틀린 개수 ___ 개

㉮ 예전에 남자가 어른이 된다는 의미로 상투를 틀고 갓을 쓰게 했던 예식 ·· ☐ 례

㉯ 사람이 죽으면 장사를 지내는 일, 또는 그런 예식 ············· ☐ 례

㉰ 사람이 죽으면 화장하여 그 유골을 모셔 두는 곳 ········ ☐ 당

㉱ 사람의 죽음을 알림, 또는 그런 글 ···················· ☐ 고

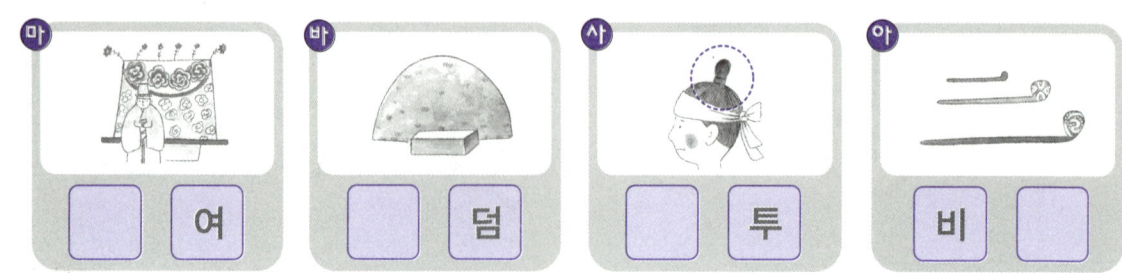

㉲ ☐ 여   ㉳ ☐ 덤   ㉴ ☐ 투   ㉵ 비 ☐

3 비슷한 말 반대말 알기

다음에서 비슷한 뜻끼리 짝지어진 것에는 '='로, 반대의 뜻끼리 짝지어진 것에는 '↔'로 나타내거나, 부호에 알맞게 낱말을 채워 보세요.

문제 개수 6개

부고	=	(가)
제례	(나)	제사예절
관례	(다)	성인식

추도	(라)	추모
의식	(마)	의례
상복	(바)	소복

4 큰말 작은말 알기

낱말의 포함 관계에 따라 '<', 또는 '>'로 나타내고, 그림의 위치에 알맞게 낱말을 넣어 보세요.

문제 개수 9개

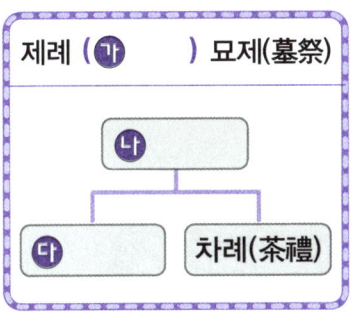
제례 (가) 묘제(墓祭)
나 / 다, 차례(茶禮)

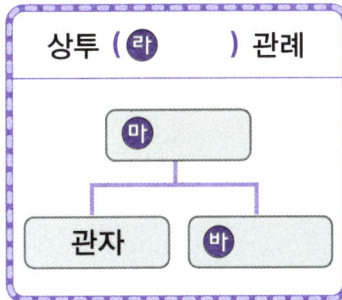
상투 (라) 관례
마 / 관자, 바

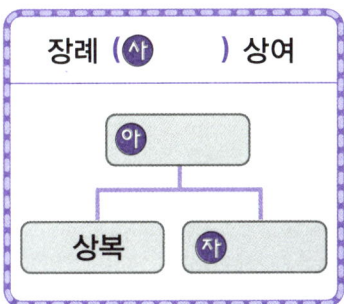
장례 (사) 상여
아 / 상복, 자

※ 묘제(墓祭)는 조상의 산소에 찾아가서 지내는 제사이며, 차례(茶禮)는 명절에 지내는 간소한 제사입니다.

5 짝을 이루는 말 찾기

짝을 이루는 말을 찾아 동그라미 하고, 그 말의 뜻을 보기에서 찾아 번호를 쓰세요.

문제 개수 4개

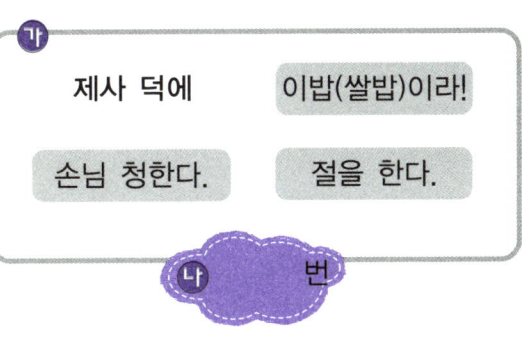
가: 제사 덕에 / 이밥(쌀밥)이라! / 손님 청한다. / 절을 한다.
(나) 번

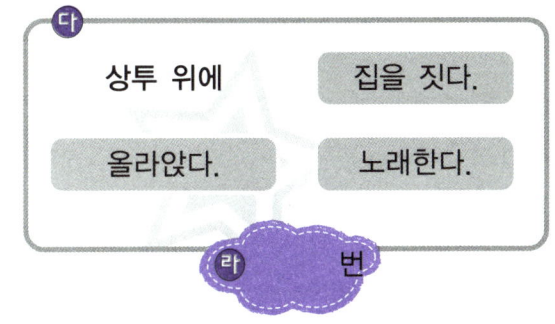
다: 상투 위에 / 집을 짓다. / 올라앉다. / 노래한다.
(라) 번

보기
① 상대를 만만하게 보고 기어오르는 행동을 하다.
② 어떤 기회에 좋은 소득이 있는 경우이다.

6 낱말 활용하기

다음 ㉮~㉰의 ( )에 알맞은 낱말을 보기에서 찾아 번호를 쓰고, ㉲의 질문에 답해 보세요.

문제 개수 5개

맞은 개수 ◯개

틀린 개수 ◯개

㉮ 요즘은 ( )에 유골을 모시는 경우가 많다.

㉯ 우리는 관혼상제를 중요시하여 꼭 절차에 맞는 ( )을/를 행했다.

㉰ 남자가 ( )을/를 치르면 머리에 상투를 틀고 갓을 써서 어른으로 대접 받았다.

㉱ 제사를 지내는 의식을 ( )(이)라고 한다.

㉲ '비녀'를 넣어 짧은 글을 지어 보세요.

→ _____

보기 ① 관례 ② 장례 ③ 제례 ④ 의식 ⑤ 추모 ⑥ 상여 ⑦ 납골당

총 문제 개수 32개 | 총 맞은 개수 ◯개 | 총 틀린 개수 ◯개

공부 습관 다지는 공부도 강약약 강약약

공부를 습관처럼 매일 꾸준히 하는 것은 중요합니다. 숙제와 예습, 복습을 꾸준히 해야 실력이 올라가는데, 평소에는 놀다가 시험 때 벼락치기를 하면 실력이 오르지 않아요. 그런데, 꾸준히 공부를 하는 것은 쉬운 일은 아니지요? 굳게 마음을 먹어도, 하다 보면 지겨워지거나 지칠 때가 있습니다. 그럴 때 여러분은 어떻게 하나요? '아! 공부는 정말 힘들어! 숙제고 뭐고 그냥 놀아 버려야지.' 라고 생각하지는 않나요? 공부를 지겹다고 느끼지 않고 즐기면서 할 수 있는 방법은 바로 공부의 강약을 조절하는 것입니다. 즉, 3일 동안 공부를 열심히 했다면 하루는 즐겁게 놀거나, 세 시간 동안 공부를 열심히 했다면 한 시간은 푹 쉬어 주는 것처럼 말이에요. 자신에게 맞는 공부와 휴식을 적절하게 섞어서 조절하는 것이 공부의 강약약 방법이랍니다.

26회 머리 풀어주는 퍼즐

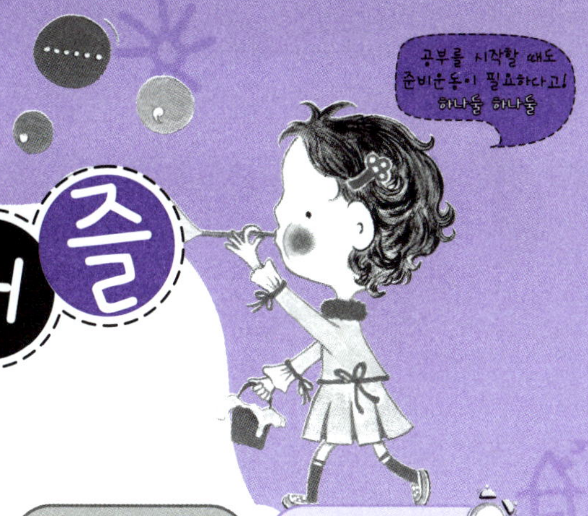

창의사고력 기초 다지기 주의집중력 쑥~

도전 시간 00분 15초 / 걸린 시간 분 초

다음 보기와 같은 그림을 3개 골라 동그라미 해 보세요.

보기:
ㄱㄷㄹ
ㅁㅍㅇ
ㅊㅇㅋ

ㄱㄱㄹ ㅁㅍㅇ ㅊㄱㅋ	ㄱㄷㄹ ㅁㅍㅇ ㅊㄱㅋ	ㅋㄷㄹ ㅁㅍㅇ ㅊㄱㄱ	ㄱㄷㄹ ㅁㅍㅇ ㅊㄱㅋ
ㄱㄷㄹ ㅁㅍㅇ ㅊㅇㅋ	ㄱㄷㄹ ㅁㅍㅇ ㅊㄱㅋ	ㄱㄱㄹ ㅁㅍㅇ ㅊㄱㅋ	ㄱㄷㄹ ㅁㅍㅇ ㅊㅇㅋ
ㄱㄷㄹ ㅁㅍㅇ ㅊㅇㅋ	ㄱㄱㄹ ㅁㅍㅇ ㅊㄱㅋ	ㅋㄷㄹ ㅁㅍㅇ ㅊㄱㅋ	ㄷㄷㄹ ㅁㅍㅇ ㅊㄱㅋ
ㄱㄷㄹ ㅁㅍㅇ ㅊㄷㅋ	ㄱㄷㄹ ㅁㅍㅇ ㅊㄷㅋ	ㄱㄷㄹ ㅁㅍㅇ ㅊㄱㅋ	ㄱㄱㄹ ㅁㅍㅇ ㅊㄱㅋ

| 7 분 | 30 초 | | 분 | 초 |

1 가로세로 낱말 찾기

다음 네모에서 알고 있는 낱말을 찾아 동그라미를 해 보세요.

여기서 찾은 낱말로 2~6번 문제를 풀어요!

보	배	심	혈	★	진	귀	한	★	이
물	★	제	애	정	★	들	키	다	튿
★	상	품	이	로	운	묘	말	오	날
선	★	헛	수	고	★	목	뚝	솔	터
뜻	하	지	않	게	떠	돌	이	길	전

내가 찾은 낱말 ___ 개

2 낱말 뜻 알기

다음 설명이나 그림이 뜻하는 낱말이 무엇인지 빈칸을 채워 보세요.

문제 개수 8 개

맞은 개수 ___ 개
틀린 개수 ___ 개

- 가) 집터가 되는 땅이나 살림의 근거지가 되는 곳 ·········· [ ][전]
- 나) 심장과 피라는 뜻으로, 마음과 힘을 함께 이르는 말 ·········· [심][ ]
- 다) 원료를 써서 물건을 만들거나 그렇게 만들어 낸 물품 ·········· [제][ ]
- 라) 동작이 빠르고 시원스러운 모양 ·········· [ ][뚝]

| 마)  [ ][물] | 바) 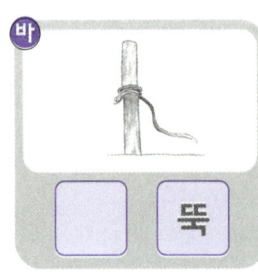 [ ][뚝] | 사)  [오][ ] | 아) 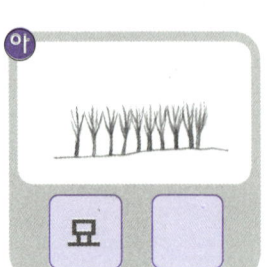 [묘][ ] |

3 비슷한 말 반대말 알기

다음에서 비슷한 뜻끼리 짝지어진 것에는 '='로, 반대의 뜻끼리 짝지어진 것에는 '↔'로 나타내거나, 부호에 알맞게 낱말을 채워 보세요.

보배	(가)	보물
헛수고	(나)	보람
묘목	(다)	고목

해로운	↔	(라)
애정	(마)	사랑
진귀한	(바)	흔한

4 큰 말 작은 말 알기

낱말의 포함 관계에 따라 '<', 또는 '>'로 나타내고, 그림의 위치에 알맞게 낱말을 넣어 보세요.

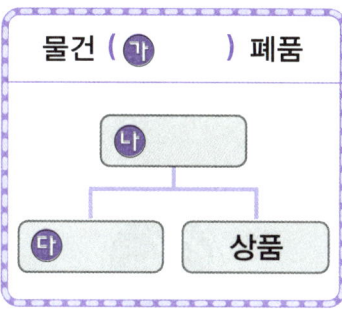

물건 (가) 폐품

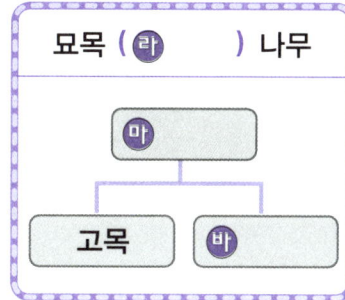

묘목 (라) 나무

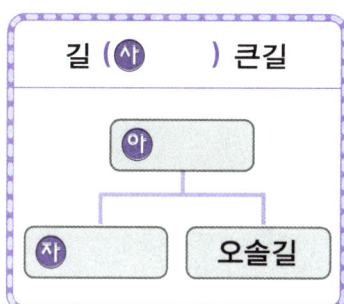

길 (사) 큰길

5 짝을 이루는 말 찾기

짝을 이루는 말을 찾아 동그라미 하고, 그 말의 뜻을 보기에서 찾아 번호를 쓰세요.

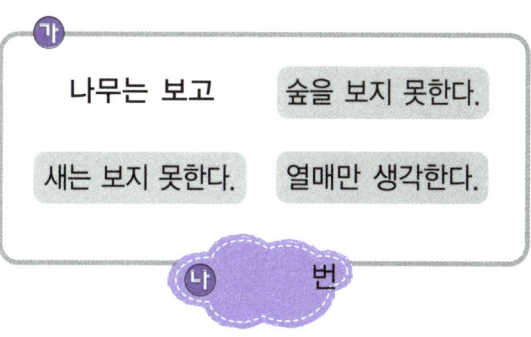

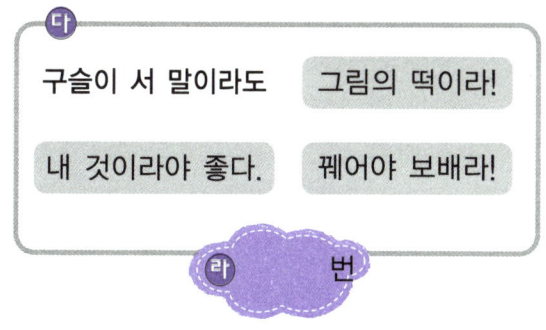

보기
① 아무리 좋은 것도 쓸모 있게 만들어 놓아야 값어치가 있다.
② 어느 한 부분만 보고 전체는 보지 못한다.

6 낱말 활용하기

다음 가~라의 ( )에 알맞은 낱말을 보기에서 찾아 번호를 쓰고, 마의 질문에 답해 보세요.

문제 개수 5개
맞은 개수 개
틀린 개수 개

가 도자기를 만드는 사람은 훌륭한 작품을 만들기 위해 ( )을/를 기울인다.

나 우리나라를 침입한 왜적들은 많은 ( )을/를 자기 나라로 가지고 갔다.

다 열심히 그린 그림에 동생이 물을 쏟아 나의 노력을 ( )(으)로 만들었다.

라 세일을 하는 백화점 곳곳에는 많은 ( )들이 산처럼 쌓여있었다.

마 '구슬이 서 말이라도 꿰어야 보배'를 넣어 짧은 글을 지어 보세요.

→ _____

보기 ① 심혈 ② 상품 ③ 보물 ④ 헛수고 ⑤ 선뜻 ⑥ 말뚝 ⑦ 묘목

총 문제 개수 32개 | 총 맞은 개수 개 | 총 틀린 개수 개

여러분은 공부를 하거나 운동을 할 때 먼저 어떤 일부터 시작하나요? 공부를 잘하고 싶고, 운동도 잘하고 싶은데 무엇부터 시작해야 할지 막막할 때는 어떻게 하나요? 이럴 때 필요한 것은 바로 목표를 세우는 일입니다. 그렇다면, 목표는 어떻게 세우는 것일까요?

첫째, 내가 이루고 싶은 목표를 생각합니다.
둘째, 목표를 이루기 위한 계획의 목록을 만듭니다.
셋째, 그 목표를 완성할 마감 날짜를 정합니다.
넷째, 날짜별로 계획의 구체적인 내용을 만듭니다.
다섯째, 계획했다면 바로 실천합니다.
여섯째, 어떤 유혹이 있더라도 마감 날짜를 지키기 위해 꾸준히 나아갑니다.

머리 풀어주는 퍼즐

도전 시간 00 분 25 초
걸린 시간 분 초

창의사고력 기초 다지기 연상추리력 쏙~

숫자의 개수만큼 위, 아래, 대각선으로 폭탄이 숨겨져 있습니다. 폭탄이 있는 칸에 ×표 하세요.

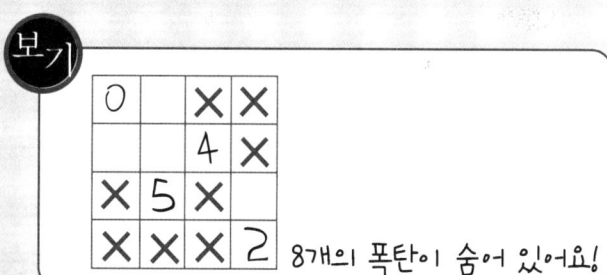

보기: 8개의 폭탄이 숨어 있어요!

문제 1

0				
			5	
1		1		
	3		0	

8개의 폭탄이 숨어 있어요!

문제 2

1		2		0
1				3
2		4		
	3		3	2
2		2		

7개의 폭탄이 숨어 있어요!

1 가로세로 낱말 찾기

다음 네모에서 알고 있는 낱말을 찾아 동그라미를 해 보세요.

여기서 찾은 낱말로 2~6번 문제를 풀어요!

원	★	중	심	파	장	적	확	그	조
★	반	지	름	태	양	외	산	림	발
광	★	름	★	자	외	선	★	자	광
원	도	투	가	시	광	선	햇	빛	우
불	투	명	무	지	개	★	전	구	★

내가 찾은 낱말 ◯ 개

2 낱말 뜻 알기

다음 설명이나 그림이 뜻하는 낱말이 무엇인지 빈칸을 채워 보세요.

문제 개수 8개
맞은 개수 ◯ 개
틀린 개수 ◯ 개

가) 전류를 통하여 빛을 내는 기구. 전등알 ················ ☐ ☐

나) 태양이나 별처럼 제 스스로 빛을 내는 물체 ············· ☐ 원

다) 빛을 내는 것 ·· 발 ☐

라) 빛을 잘 통과시켜 그림자를 만들지 않는 것 ············ ☐ 명

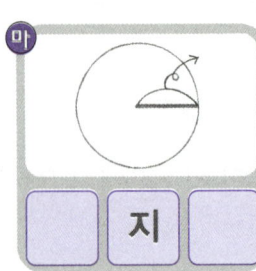
마) ☐ 지 ☐

바) ☐ ☐ 개

사) ☐ 양

아) ☐ ☐ 자

다음에서 비슷한 뜻끼리 짝지어진 것에는 '='로, 반대의 뜻끼리 짝지어진 것에는 '↔'로 나타내거나, 부호에 알맞게 낱말을 채워 보세요.

직경	=	(가)
투명	(나)	불투명
중심	(다)	주변

태양	(라)	해
광원	(마)	발광체
확산	(바)	집중

낱말의 포함 관계에 따라 '<', 또는 '>'로 나타내고, 그림의 위치에 알맞게 낱말을 넣어 보세요.

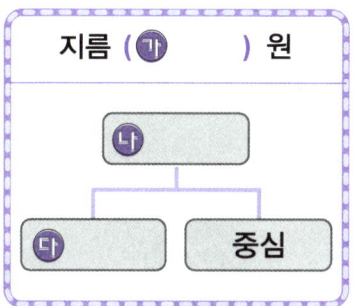
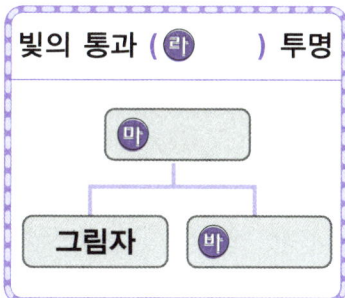
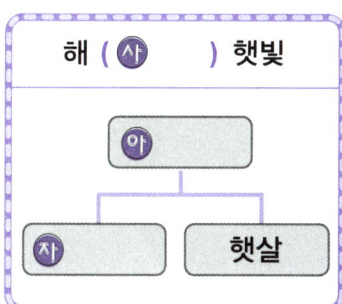

짝을 이루는 말을 찾아 동그라미 하고, 그 말의 뜻을 보기에서 찾아 번호를 쓰세요.

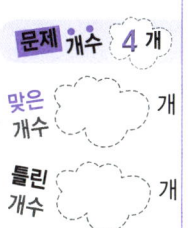

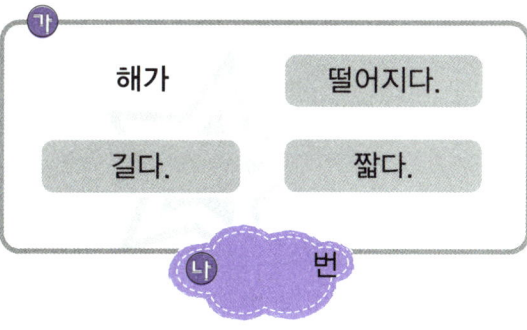
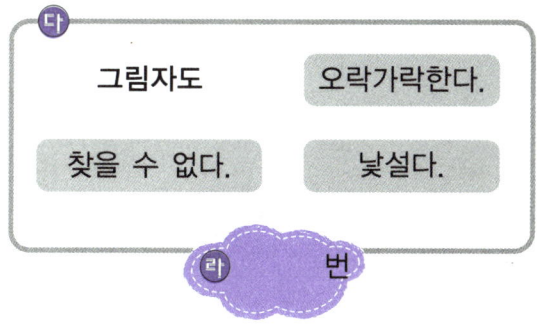

보기
① 온데간데없어 도무지 찾을 수 없다.
② 하루의 낮 시간이 짧다.

6 낱말 활용하기

다음 가~라의 ( )에 알맞은 낱말을 보기에서 찾아 번호를 쓰고, 마의 질문에 답해 보세요.

문제 개수 5개
맞은 개수 ( )개
틀린 개수 ( )개

가 원의 반지름은 ( ) 길이의 절반이다.
나 빛이 통과하지 못하는 물체에 ( )이/가 생긴다.
다 지구는 태양이라는 ( )이/가 없다면 어둡고 추워서 사람이 살 수 없다.
라 적외선은 ( )에서 빨간색 바깥쪽의 보이지 않는 색을 말한다.
마 '해가 짧다.'를 넣어 짧은 글을 지어 보세요.

→ _____

보기 ① 무지개 ② 그림자 ③ 지름 ④ 광원 ⑤ 태양 ⑥ 적외선 ⑦ 확산

총 문제 개수 32개 | 총 맞은 개수 ( )개 | 총 틀린 개수 ( )개

생각하고 되새기는 72 나눔의 손길

조선 시대의 학자 율곡 이이 선생은 자신의 재물을 어려운 사람들에게 모두 나누어 주어, 높은 지위에 있을 때도 집 없이 지낼 만큼 가난하게 살았다고 합니다. 이렇게 가난하게 사는 것을 보다 못한 사람들이 쌀이며, 옷 등을 가져다 선생에게 주었지만, 율곡 선생은 이를 더 가난한 사람들에게 다시 나누어 주었답니다. 그러나, 율곡 선생은 자신이 어려운 사람들을 도와주는 것을 한 번도 내색하거나 자랑하지 않았고, 당연한 일이라고 생각하였습니다.

우리 주위에도 어렵고 힘들게 사는 사람들이 많습니다. 그런데, 우리는 우리의 것을 나누어 주기보다는 더 많은 것을 가지려고 하지요? 우리가 율곡 선생을 본받아 내가 가지고 있는 것을 다른 사람에게 나누어 주고, 그 사람도 다시 다른 사람에게 베푸는 일이 계속 된다면 우리 사회는 더 이상 가난한 사람이 없는 행복한 사회가 될 것입니다.

머리 풀어주는 퍼즐

도전 시간	걸린 시간
00 분 25 초	분　　초

창의사고력 기초 다지기 — 판단능력

표시된 숫자의 개수만큼 칸을 나누어 5개의 사각형을 만들어 보세요.
(단, 한 칸도 남으면 안 됩니다.)

보기

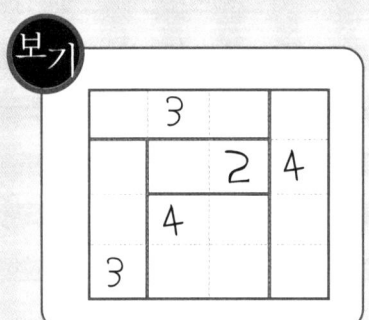

문제 1

			8
		4	
4			6
		3	

문제 2

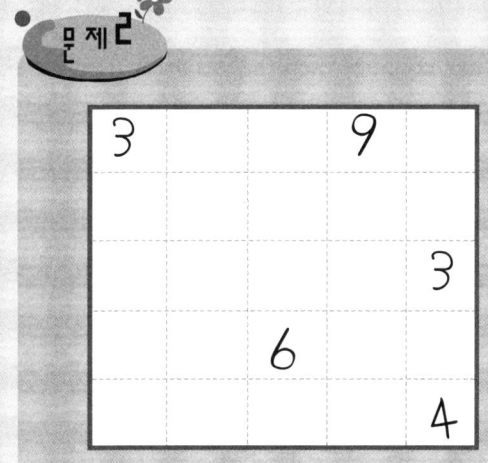

문제 3

			2
		6	
		4	5
8			

도전시간 6 분 50 초 걸린시간 　분　초

1 가로세로 낱말찾기

다음 네모에서 알고 있는 낱말을 찾아 동그라미를 해 보세요.

여기서 찾은 낱말로 2~6번 문제를 풀어요!

명	절	다	리	밟	기	땔	오	장	★
★	한	탈	춤	윷	★	감	곡	작	보
대	식	조	★	놀	민	요	밥	★	릿
보	★	동	지	이	속	판	소	리	고
름	더	위	팔	기	아	궁	이	★	개

내가 찾은 낱말 　개

2 낱말뜻 알기

다음 설명이나 그림이 뜻하는 낱말이 무엇인지 빈칸을 채워 보세요.

문제 개수 8개
맞은 개수 　개
틀린 개수 　개

가) 곡식은 떨어지고 보리는 여물지 않아 먹을 것이 없는 때 ·· ☐ 고 개

나) 설날이나 추석처럼 해마다 일정하게 지키어 즐기거나 기념하는 때 ··· ☐ 절

다) 일 년 중 낮이 가장 짧고 밤이 가장 긴 절기 ················ ☐

라) 일반 백성들 사이에 내려오는 풍속 등 문화를 통틀어 이르는 말 ·· ☐ 속

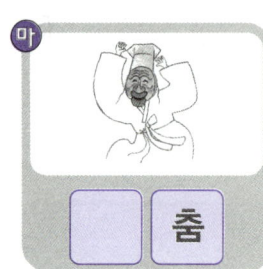
☐ 춤

판 ☐ ☐

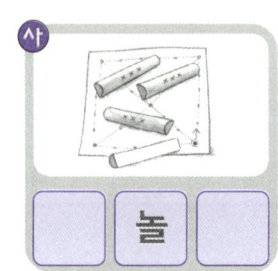
놀 ☐

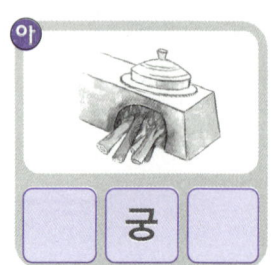
궁 ☐

3 비슷한 말 반대말 알기

다음에서 비슷한 뜻끼리 짝지어진 것에는 '=' 로, 반대의 뜻끼리 짝지어진 것에는 '↔' 로 나타내거나, 부호에 알맞게 낱말을 채워 보세요.

문제 개수 5개
맞은 개수 ◯ 개
틀린 개수 ◯ 개

장작	(가)	땔감
하지	↔	(나)
아궁이	(다)	불구멍

민속	(라)	현대
판소리	(마)	대중가요
대보름달	↔	초승달

4 큰 말 작은 말 알기

낱말의 포함 관계에 따라 '<', 또는 '>' 로 나타내고, 그림의 위치에 알맞게 낱말을 넣어 보세요.

문제 개수 9개
맞은 개수 ◯ 개
틀린 개수 ◯ 개

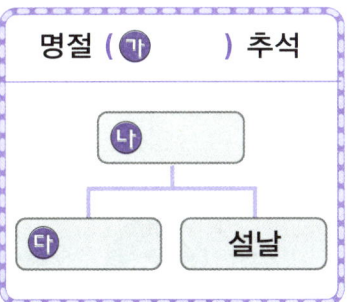
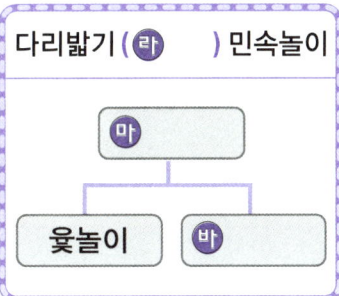
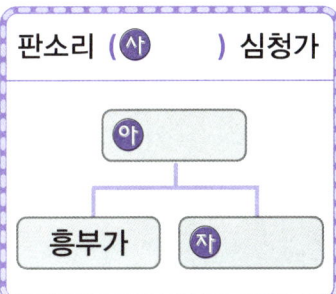

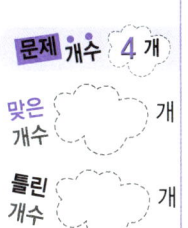
5 짝을 이루는 말 찾기

짝을 이루는 말을 찾아 동그라미 하고, 그 말의 뜻을 보기 에서 찾아 번호를 쓰세요.

문제 개수 4개
맞은 개수 ◯ 개
틀린 개수 ◯ 개

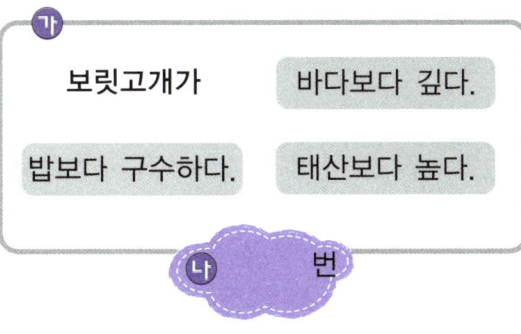
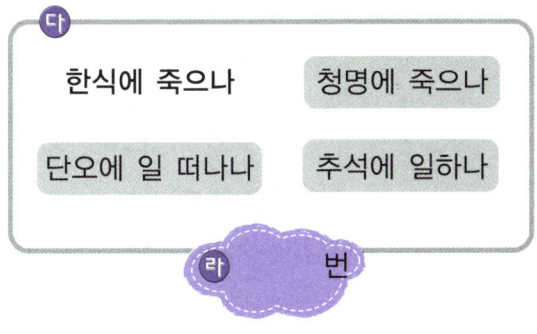

보기
① 농사지은 식량으로 보리가 날 때까지 견디기가 매우 힘들다.
② 하루 먼저 죽으나 뒤에 죽으나 같다.

6 낱말 활용하기

다음 ㉮~㉰의 ( )에 알맞은 낱말을 보기에서 찾아 번호를 쓰고, ㉱의 질문에 답해 보세요.

㉮ 정월 대보름날 (   )은/는 한여름 더위를 미리 다른 이에게 파는 놀이이다.
㉯ 예전에는 산에서 나무를 해다가 (   )(으)로 사용하였다.
㉰ 춘향가, 심청가 등의 (   )은/는 우리에게는 동화로 더 유명하다.
㉱ 우리나라는 밤이 긴 (   )에 팥죽을 쑤어 먹는 풍습이 있다.
㉲ '보릿고개'를 넣어 짧은 글을 지어 보세요.

→ _____

보기 ① 윷놀이 ② 동지 ③ 민속 ④ 땔감 ⑤ 더위팔기 ⑥ 판소리 ⑦ 보릿고개

총 문제 개수 (31)개   총 맞은 개수 (   )개   총 틀린 개수 (   )개

건강을 지키는 데 운동이 효과적이라는 사실은 우리 모두가 아는 사실입니다. 그렇지만 오랫동안 운동을 꾸준히 하기란 쉽지 않지요? 여름에는 덥다고, 겨울에는 춥다고, 또는 귀찮거나 힘들다고 꾸준히 하지 않거나 중간에 포기하는 경우가 많습니다.

포기하지 않고 꾸준히 운동을 하려면 먼저, 자신이 즐기면서 할 수 있는 운동을 선택하는 것이 중요합니다. 처음부터 어려운 운동보다 걷기, 달리기, 자전거 타기, 맨손 체조 등 쉽게 할 수 있는 운동부터 시작하는 것이 좋습니다. 또한, 운동을 한 번에 오래 하거나 강하게 하기보다는 자신에게 알맞은 운동 시간과 강도를 정하고 실천하는 것이 좋습니다.

건강을 위한 운동은 우리가 살아가는 동안 평생 해야 하는 것입니다. 그렇기 때문에 운동의 효과가 단번에 나타나지 않더라도 늘 꾸준히 해 나가는 자세가 무엇보다 중요합니다.

29회 머리 풀어주는 퍼즐

도전 시간 00분 25초 걸린 시간 분 초

창의사고력 기초 다지기 정보처리능력 쏙~

 처럼 , 을 움직여 다음 모양을 채워 보세요.

보기

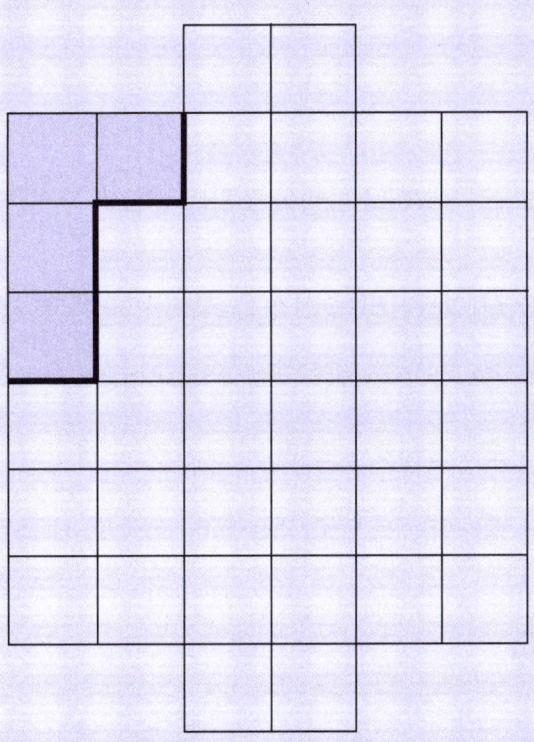

도전시간 8 분 00 초 걸린시간 분 초

1 가로세로 낱말 찾기

다음 네모에서 알고 있는 낱말을 찾아 동그라미를 해 보세요.

옷	천	덮	표	기	★	고	민	그	실
깃	지	다	쓰	레	기	더	미	리	감
★	위	인	전	수	급	히	★	움	나
짝	꿍	★	창	평	★	쏟	아	붓	다
찌	꺼	기	가	선	두	드	리	다	★

여기서 찾은 낱말로 2~6번 문제를 풀어요!

내가 찾은 낱말 ___ 개

2 낱말 뜻 알기

다음 설명이나 그림이 뜻하는 낱말이 무엇인지 빈칸을 채워 보세요.

문제 개수 8개
맞은 개수 ___ 개
틀린 개수 ___ 개

㉮ 문자 또는 음성을 적어서 나타내는 기록 ········ ☐ 기

㉯ 쓸 만한 것을 골라낸 나머지나 액체가 다 빠진 뒤에 남은 물건 ·· ☐ 기

㉰ 실제로 체험하는 것처럼 느껴지다. ·········· ☐ ☐ 나 다

㉱ 마음속으로 괴로워하고 애를 태움. ·········· ☐ 민

㉲ 쓰 ☐ ☐ 미   ㉳ ☐ ☐ 전   ㉴ ☐ 가   ㉵ ☐ 선

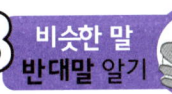
비슷한 말 반대말 알기

다음에서 비슷한 뜻끼리 짝지어진 것에는 '='로, 반대의 뜻끼리 짝지어진 것에는 '↔'로 나타내거나, 부호에 알맞게 낱말을 채워 보세요.

짝꿍	(가)	단짝
표기	(나)	표시
수평선	(다)	지평선

덮다	(라)	드러내다
걱정	=	(마)
찌꺼기	(바)	나머지

큰 말 작은 말 알기

낱말의 포함 관계에 따라 '<', 또는 '>'로 나타내고, 그림의 위치에 알맞게 낱말을 넣어 보세요.

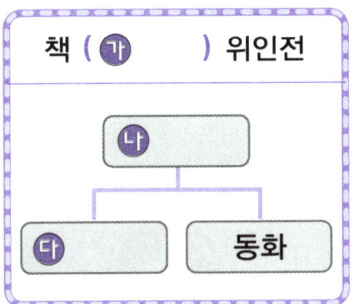
책 (가) 위인전
나
다 — 동화

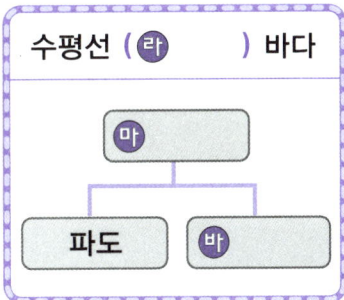
수평선 (라) 바다
마
파도 — 바

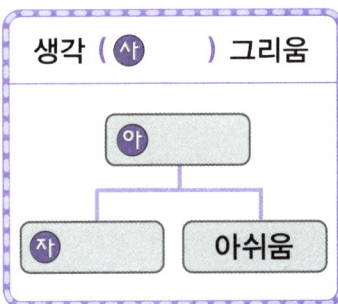
생각 (사) 그리움
아
자 — 아쉬움

짝을 이루는 말 찾기

짝을 이루는 말을 찾아 동그라미하고, 그 말의 뜻을 보기 에서 찾아 번호를 쓰세요.

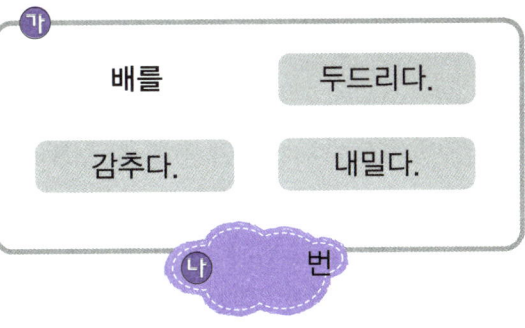
가
배를   두드리다.
감추다. 내밀다.
(나) 번

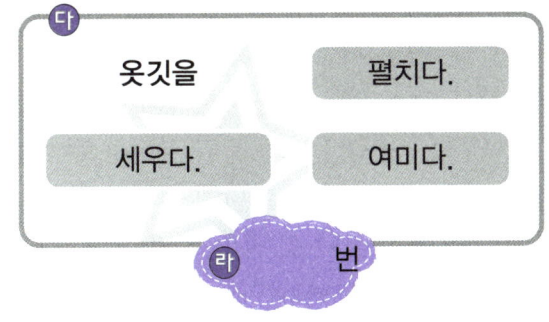
다
옷깃을   펼치다.
세우다. 여미다.
(라) 번

보기
① 옷을 가지런하게 하여 자세를 바로잡다.
② 생활이 풍족하고 윤택하여 안락하게 지내다.

6 낱말 활용하기

다음 가~라의 ( )에 알맞은 낱말을 보기에서 찾아 번호를 쓰고, 마의 질문에 답해 보세요.

문제 개수 5개

맞은 개수 ◯개
틀린 개수 ◯개

가 예전에는 지구가 평평하다고 생각해서 (　　　) 근처로는 배를 몰지 않았다.

나 돌아가신 할머니에 대한 (　　　)에 엄마는 눈물짓는 날이 많았다.

다 3D 입체 영화는 마치 내가 영화 속 한 장면에 있는 것처럼 (　　　).

라 공책에 책의 내용을 (　　　)했다.

마 '옷깃을 여미다.'를 넣어 짧은 글을 지어 보세요.

→ _____

보기 ① 표기 ② 실감난다 ③ 그리움 ④ 고민 ⑤ 찌꺼기 ⑥ 수평선 ⑦ 천지

총 문제 개수 32개 | 총 맞은 개수 ◯개 | 총 틀린 개수 ◯개

돈에도 사람처럼 수명이 있답니다. 한국조폐공사에서 태어난 돈은 널리 사용되다가, 찢어지거나 더러워지면 다시 한국은행으로 돌아온 후 버려집니다. 다행히 좋은 주인을 많이 만나면 오랫동안 돈으로서의 영광을 누리지만, 아무렇게나 다루어지면 빨리 죽음을 맞게 되지요. 돈을 꼬깃꼬깃 주머니에 넣거나 낙서를 하는 나쁜 습관 때문에 돈의 수명은 우리가 생각하는 것보다 짧답니다. 만 원짜리 지폐의 수명은 4년 6개월, 오천 원과 천 원짜리 지폐의 수명은 2년이라고 합니다. 이렇게 수명이 다한 돈을 새 돈으로 바꾸는 데는 어마어마한 비용이 들며, 그 비용은 고스란히 국민들의 부담으로 돌아갑니다.

지폐는 지갑에 넣어 보관하고 지폐에 낙서를 하지 않는 등, 돈을 깨끗이 쓰는 습관을 기르세요.

도전 시간	걸린 시간
00 분 30 초	분 초

창의사고력 기초 다지기 계산능력 쑥~

사다리를 타고 내려가면서, 같은 모양끼리 계산이 이루어지도록 빈칸을 채워 보세요.

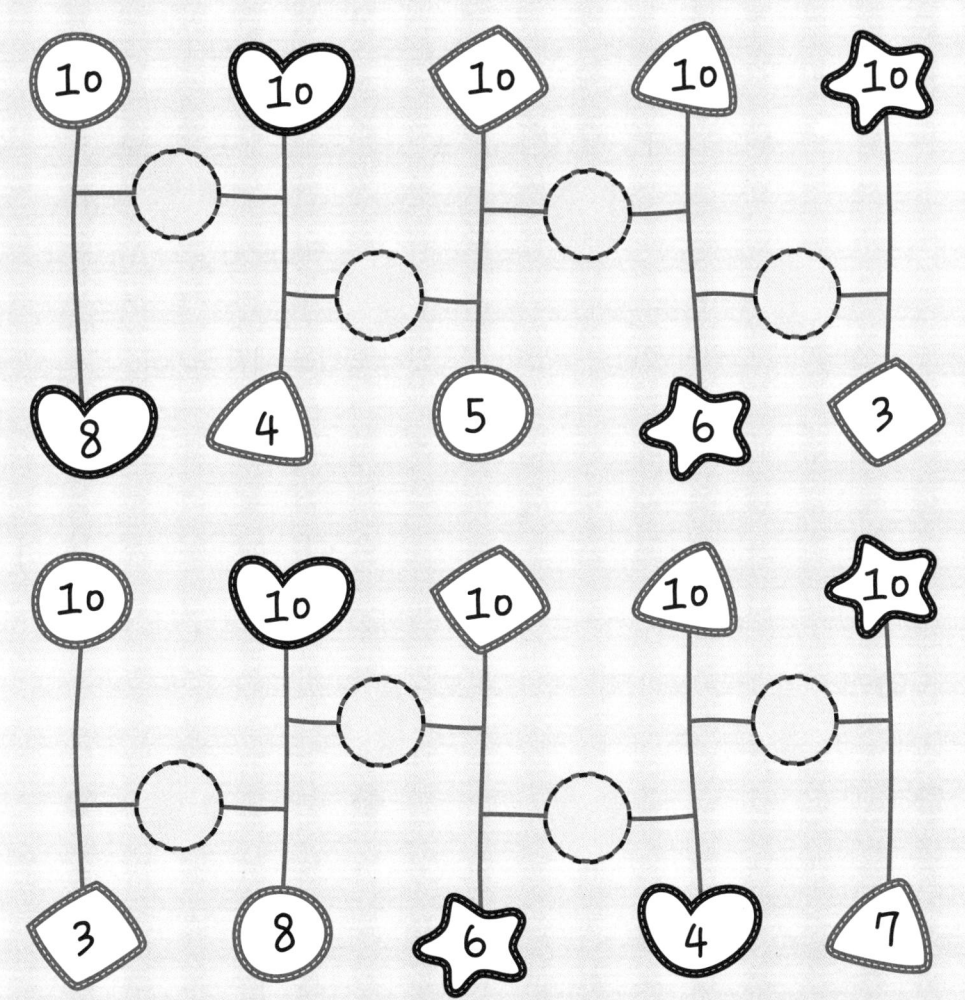

1 가로세로 낱말 찾기

다음 네모에서 알고 있는 낱말을 찾아 동그라미를 해 보세요.

여기서 찾은 낱말로 2~6번 문제를 풀어요!

들	밀	리	리	터	진	동	★	무	★
이	★	돌	터	★	청	음	폭	게	넓
★	모	래	소	리	진	★	부	피	이
바	위	★	보	청	기	알	갱	이	★
흙	★	자	갈	★	초	음	파	중	량

내가 찾은 낱말 ___ 개

2 낱말 뜻 알기

다음 설명이나 그림이 뜻하는 낱말이 무엇인지 빈칸을 채워 보세요.

문제 개수 8개
맞은 개수 ___ 개
틀린 개수 ___ 개

- 가) 넓이와 높이를 가진 물건이 공간에서 차지하는 크기 ········ ___ 피
- 나) 통이나 그릇 따위의 안에 넣을 수 있는 부피의 최댓값 ········ ___ 이
- 다) 1m³의 1,000분의 1로, 미터법에 의한 부피의 단위 ········ ___ 터
- 라) 소리가 너무 높아서 사람의 귀로는 들을 수 없는 음파 ··· 초 ___

마)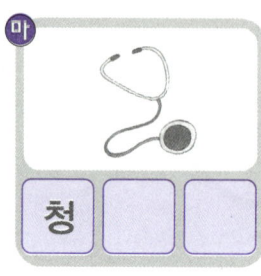
청 ___ ___

바)
바 ___

사)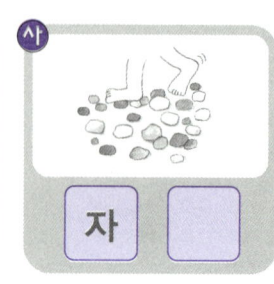
자 ___

아)
모 ___

130

3 비슷한 말 반대말 알기

다음에서 비슷한 뜻끼리 짝지어진 것에는 '='로, 반대의 뜻끼리 짝지어진 것에는 '↔'로 나타내거나, 부호에 알맞게 낱말을 채워 보세요.

문제 개수 6개

넓이	(가)	폭
무게	(나)	중량
진동	(다)	떨림

음폭	(라)	음넓이
흙	(마)	토양
초음파	(바)	가청음파

4 큰 말 작은 말 알기

낱말의 포함 관계에 따라 '<', 또는 '>'로 나타내고, 그림의 위치에 알맞게 낱말을 넣어 보세요.

문제 개수 9개

부피 (가) 리터(ℓ)

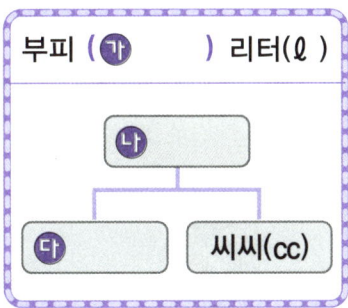

음파 (라) 초음파

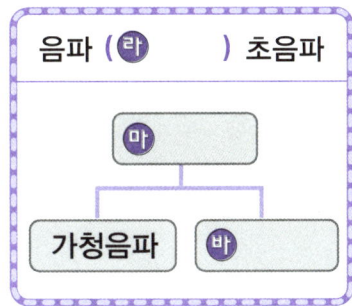

바위 (사) 돌

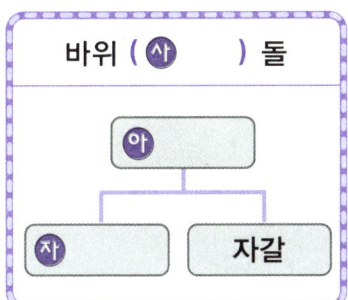

5 짝을 이루는 말 찾기

짝을 이루는 말을 찾아 동그라미하고, 그 말의 뜻을 보기에서 찾아 번호를 쓰세요.

문제 개수 4개

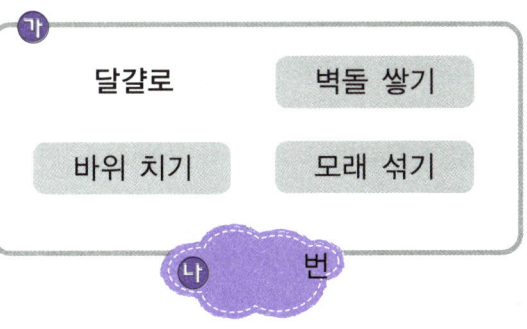

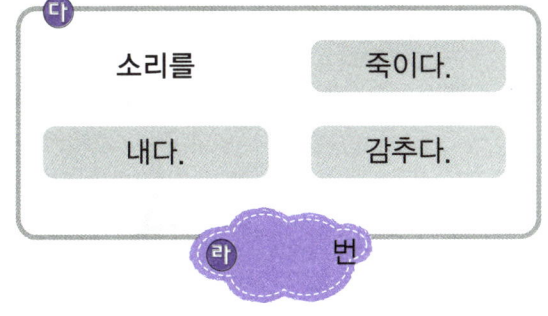

보기
① 소리를 몹시 낮추어 말하거나 소리를 내지 않음.
② 아무리 해도 불가능한 행동을 하는 경우

6 낱말 활용하기

다음 ㉮~㉲의 ( )에 알맞은 낱말을 보기에서 찾아 번호를 쓰고, ㉱의 질문에 답해 보세요.

문제 개수 5개
맞은 개수 ___개
틀린 개수 ___개

㉮ 우유 1ℓ는 200㎖ 우유를 다섯 개 합친 것과 같은 ( )(이)다.
㉯ 소리를 잘 듣지 못하는 할아버지께 어머니는 ( )을/를 선물하셨다.
㉰ 의사 선생님은 환자의 가슴에 ( )을/를 대고 심장의 소리를 들었다.
㉱ 박쥐나 돌고래는 사람에게는 들리지 않는 ( )을/를 이용하여 소리를 전한다.
㉲ '소리를 죽이다.'를 넣어 짧은 글을 지어 보세요.

→ _____

보기 ① 보청기 ② 모래 ③ 흙 ④ 바위 ⑤ 초음파 ⑥ 청진기 ⑦ 부피

총 문제 개수 32개 | 총 맞은 개수 ___개 | 총 틀린 개수 ___개

한 번뿐인 우리의 삶! 설마 잔뜩 찌푸린 얼굴로 하루하루를 보내고 있지는 않나요? 하루가 그다지 즐겁지 않다고 말하는 여러분에게 매일 매일이 즐거워지는 주문을 소개합니다.

하루가 즐거워지는 주문은 그리 어려운 것도, 멀리 있는 것도 아니랍니다. 바로 자기 자신에게 행복한 말을 해 주어 마음을 행복한 기분으로 가득 채우는 것이지요. 실제로, 우리가 하루를 보내면서 느끼는 기분의 대부분은 스스로에게 한 말에 의해 좌지우지된다고 합니다. 즉, '아! 짜증나.'라고 말하면 진짜 짜증이 나고, '아! 즐거워.'라고 말하면 엔돌핀이라는 호르몬이 몸 속에 생겨 실제로 행복한 느낌을 받게 된다는 것이지요.

매일 매일 마음속으로 '오늘은 멋진 일이 일어날 거야!', '나는 나를 사랑해.', '모든 것이 고마워.'라고 외쳐 보세요. 분명, 멋진 일이 일어나는 즐거운 하루가 될 것입니다.

정답

3·4학년 기본1

채점 전 알러두기

● 답안과 다른 해결 방법을 가진 퍼즐 문제도 있습니다. 자유롭고 창의적으로 문제를 해결해 보세요.
● 〈❶가로세로 낱말 찾기〉의 답안은 ❷~❻번 문제의 바탕이 되는 낱말들에 표시해 둔 것입니다. 이 낱말들 이외에도 얼마든지 더 찾을 수 있습니다. 아이들이 자유롭게 낱말을 찾아 표시하고 자신이 찾은 낱말의 개수를 표시하도록 두세요. 답안에 표시된 단어보다 더 많이 찾았을 경우 칭찬해 주시고, 잘 쓰이지 않는 낱말을 찾았을 경우엔 어떤 뜻인지 한번 물어보고 설명해 주세요. 찾은 개수가 너무 적을 경우 시간을 더 주고 다시 한 번 살펴보도록 해 주세요. 채점은 ❷~❻번 문제만 하면 됩니다.

 퍼즐

 퍼즐

이 동물은 원숭이 입니다.

 퍼즐

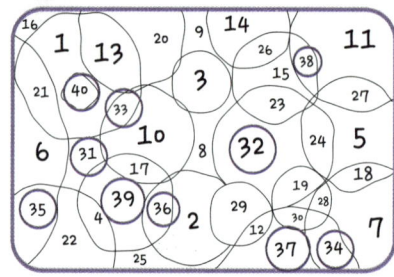

 정답

❶ 가로세로 낱말찾기

구	두	쇠	고	집	단	★	숭	늉	★
★	레	붙	생	단	정	하	다	★	허
저	박	이	★	짝	★	견	학	동	기
수	★	짐	오	염	★	자	랑	삼	아
지	★	통	계	표	속	박	★	★	줄

❷ 낱말뜻 알기
㉮ 동아줄 ㉯ 구두쇠
㉰ 저수지 ㉱ 통계표
㉲ 두레박 ㉳ 표주박
㉴ 단짝 ㉵ 동아줄

❸ 비슷한 말 반대말 알기
㉮ 구두쇠 ㉯ ↔ ㉰ =
㉱ ↔ ㉲ ↔

❹ 큰 말 작은 말 알기
㉮ > ㉯ 친구 ㉰ 단짝
㉱ < ㉲ 박 ㉳ 표주박

❺ 짝을 이루는 말 찾기
㉮ ① ㉯ 젊어 고생은

❻ 낱말 활용하기
㉯ ⑥ ㉰ ③ ㉱ ⑦
㉲ 예) 갓 태어난 동생을 보며 얼른 나와 함께 축구 하며 놀았으면 하는 생각을 할 때

 정답

❶ 가로세로 낱말찾기

★	고	려	장	★	사	또	★	백	성
나	을	★	남	★	대	궐	★	글	수
그	렁	그	렁	★	암	행	어	사	령
네	★	통	명	스	러	운	신	하	인
★	삽	짝	충	성	스	럽	다	★	★

❷ 낱말뜻 알기
㉮ 고려장 ㉯ 나그네
㉰ 고을 ㉱ 사신
㉲ 암행어사 ㉳ 사또
㉴ 대궐 ㉵ 삽짝

❸ 비슷한 말 반대말 알기
㉮ = ㉯ = ㉰ = ㉱
㉲ 대궐

❹ 큰 말 작은 말 알기
㉮ > ㉯ 신하 ㉰ 암행어사
㉱ > ㉲ 나라 ㉳ 백성

❺ 짝을 이루는 말 찾기
㉮ ② ㉯ 민심이

❻ 낱말 활용하기
㉯ ③ ㉰ ④,⑦,⑥ ㉱ ①
㉲ 예) 마을을 돌아다니던 초라한 나그네는 알고 보니 암행어사였다.

 정답

❶ 가로세로 낱말찾기

가	뭄	★	홍	★	정	★	장	마
태	풍	강	수	량	사	각	형	날
구	축	우	기	도	각	의	꼭	지
름	★	량	폭	설	형	변	★	홍
★	직	각	삼	각	형	직	사	각	형

❷ 낱말뜻 알기
㉮ 측우기 ㉯ 강수량
㉰ 장마 ㉱ 날씨
㉲ 직각 ㉳ 직각삼각형
㉴ 정사각형 ㉵ 구름

❸ 비슷한 말 반대말 알기
㉮ 강수량 ㉯ ↔ ㉰ =
㉱ = ㉲ ↔

❹ 큰 말 작은 말 알기
㉮ > ㉯ 사각형 ㉰ 정사각형
㉱ < ㉲ 도형 ㉳ 삼각형

❺ 짝을 이루는 말 찾기
㉮ 걷히듯 ㉯ ②

❻ 낱말 활용하기
㉯ ⑥ ㉰ ⑦ ㉱ ④
㉲ 예) 준수와 화해했기 때문에 나의 고민은 구름 걷히듯 사라졌다.

134

퍼즐

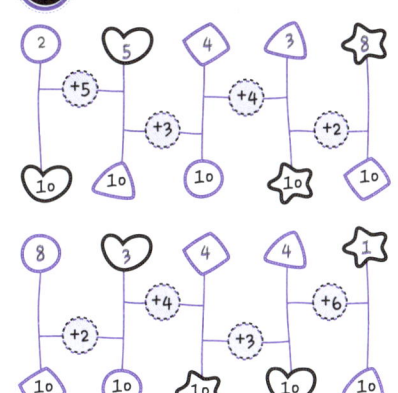
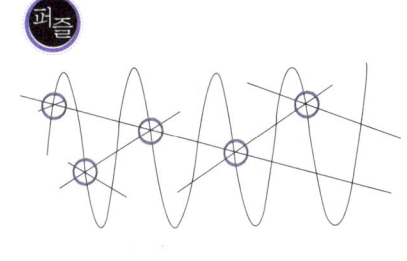

5 개

정답

1 가로세로 낱말찾기

기	★	재	래	시	장	싱	싱	한	★
숲	원	료	★	백	터	★	허	기	진
먹	을	거	리	화	★	끼	니	★	반
★	마	트	★	점	야	채	★	과	찬
설	거	지	삼	키	다	음	식	일	★

2 낱말뜻 알기
- ㉮ 원료 ㉯ 끼니
- ㉰ 장터 ㉱ 허기진
- ㉲ 채소 ㉳ 과일
- ㉴ 반찬 ㉵ 백화점

3 비슷한 말 반대말 알기
- ㉮ = ㉯ ↔ ㉰ =
- ㉱ ↔ ㉲ = ㉳ 야채

4 큰 말 작은 말 알기
- ㉮ < ㉯ 시장 ㉰ 백화점
- ㉱ < ㉲ 채소 ㉳ 당근
- ㉴ > ㉵ 식물 ㉶ 과일

5 짝을 이루는 말 찾기
- ㉮ 포도청이다. ㉯ ②
- ㉰ 장날이다. ㉱ ①

6 낱말 활용하기
- ㉮ ① ㉯ ②, ③
- ㉰ ⑦, ③ ㉱ ⑥
- ㉲ ㉨ 오래간만에 도서관에 갔는데 휴관일 때

정답

1 가로세로 낱말찾기

강	아	지	★	달	구	지	★	가	축
★	닭	★	유	★	해	★	망	아	지	새
모	잠	볏	★	멍	에	★	씨	암	탉
이	★	외	양	간	으	르	렁	거	리	다
코	뚜	레	★	돼	지	우	리	여	물

2 낱말뜻 알기
- ㉮ 모이 ㉯ 가축 ㉰ 외양간
- ㉱ 멍에 ㉲ 닭볏
- ㉳ 코뚜레 ㉴ 구유
- ㉵ 달구지

3 비슷한 말 반대말 알기
- ㉮ ↔ ㉯ = ㉰ ↔ ㉱ =
- ㉲ = ㉳ 돼지우리

4 큰 말 작은 말 알기
- ㉮ > ㉯ 가축 ㉰ 말
- ㉱ > ㉲ 축사 ㉳ 외양간
- ㉴ > ㉵ 먹이 ㉶ 모이

5 짝을 이루는 말 찾기
- ㉮ 외양간 고친다. ㉯ ②
- ㉰ 범 무서운 줄 모른다.
- ㉱ ①

6 낱말 활용하기
- ㉮ ⑦ ㉯ ⑤, ①, ②
- ㉰ ⑥ ㉱ ③
- ㉲ ㉨ 태권도 흰띠인 아이가 검정띠의 형에게 덤빌 때

정답

1 가로세로 낱말찾기

분	자	★	알	콜	램	프	에	어	컨
모	★	플	라	스	크	선	풍	기	★
★	기	온	★	비	커	★	냉	장	고
가	도	점	화	기	난	방	치	★
열	메	스	실	린	더	로	백	엽	상

2 낱말뜻 알기
- ㉮ 분모 ㉯ 난방
- ㉰ 장치 ㉱ 점화기
- ㉲ 백엽상 ㉳ 메스실린더
- ㉴ 온도계 ㉵ 분자

3 비슷한 말 반대말 알기
- ㉮ 냉방 ㉯ ↔ ㉰ =
- ㉱ ↔ ㉲ = ㉳ ↔

4 큰 말 작은 말 알기
- ㉮ < ㉯ 실험도구 ㉰ 비커
- ㉱ < ㉲ 냉방 ㉳ 에어컨
- ㉴ > ㉵ 분수 ㉶ 분모

5 짝을 이루는 말 찾기
- ㉮ 물어가라. ㉯ ①
- ㉰ 먹다. ㉱ ②

6 낱말 활용하기
- ㉮ ① ㉯ ⑦
- ㉰ ②, ⑥ ㉱ ④
- ㉲ ㉨ 햇빛이 뜨거운 운동장에서 하루종일 축구를 했더니 더위를 먹었는지 하늘이 노랗다.

135

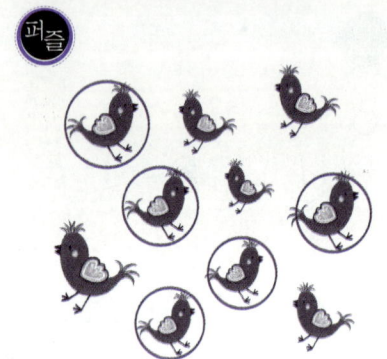 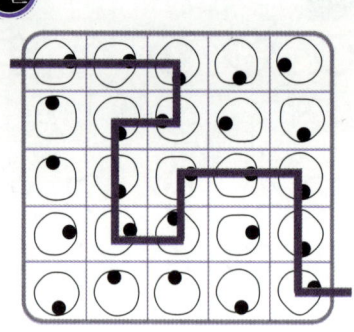

4	3	0	9	6	7
5	9	1	8	0	4
0	2	7	6	7	3
9	2	5	3	1	3
7	4	2	8	9	0
5	1	0	3	8	4

7회 (37쪽~40쪽) 정답

1 가로세로 낱말찾기

끄	트	머	리	★	오	두	막	초	★
★	창	대	들	보	막	★	너	가	★
기	문	짝	★	마	살	기	와	★	모
둥	★	투	막	루	이	판	자	집	통
통	나	무	아	랫	목	문	지	방	이

2 낱말뜻 알기
- ㉮ 끄트머리 ㉯ 대들보
- ㉰ 오두막 ㉱ 아랫목
- ㉲ 기와집 ㉳ 초가집
- ㉴ 통나무집 ㉵ 너와집

3 비슷한 말 반대말 알기
- ㉮ = ㉯ ↔ ㉰ ↔
- ㉱ 모퉁이 ㉲ = ㉳ =

4 큰 말 작은 말 알기
- ㉮ < ㉯ 집 ㉰ 초가
- ㉱ > ㉲ 방 ㉳ 아랫목
- ㉴ < ㉵ 문 ㉶ 문짝

5 짝을 이루는 말 찾기
- ㉮ 고래등 ㉯ ②
- ㉰ 대들보 ㉱ ①

6 낱말 활용하기
- ㉮ ⑥ ㉯ ① ㉰ ④ ㉱ ⑦
- ㉲ 예) 초가집 지붕 위에 탐스러운 박이 열렸다.

8회 (41쪽~44쪽) 정답

1 가로세로 낱말찾기

★	정	류	장	★	부	두	화	물	선
교	고	속	버	스	★	비	행	기	★
통	대	합	실	★	강	전	여	★	차
수	★	완	배	소	장	동	객	고	승
단	직	행	터	미	널	차	기	항	차

2 낱말뜻 알기
- ㉮ 부두 ㉯ 대합실
- ㉰ 정류장 ㉱ 승강장
- ㉲ 고속버스 ㉳ 전동차
- ㉴ 기차 ㉵ 비행기

3 비슷한 말 반대말 알기
- ㉮ = ㉯ 승차 ㉰ =
- ㉱ = ㉲ ↔ ㉳ =

4 큰 말 작은 말 알기
- ㉮ > ㉯ 비행기 ㉰ 전투기
- ㉱ < ㉲ 배 ㉳ 화물선
- ㉴ < ㉵ 버스 ㉶ 완행

5 짝을 이루는 말 찾기
- ㉮ 배가 산으로 간다 ㉯ ①
- ㉰ 태우다 ㉱ ②

6 낱말 활용하기
- ㉮ ⑤ ㉯ ④ ㉰ ① ㉱ ⑥
- ㉲ 예) 학급 회의 시간에 많은 아이들이 질서를 지키지 않고 서로 말해서, 회의가 제대로 진행되지 않을 때

9회 (45쪽~48쪽) 정답

1 가로세로 낱말찾기

물	고	기	★	플	랑	크	톤	어	★
비	늘	홍	자	리	값	지	해	류	★
★	갈	조	★	전	체	느	산	옆	줄
적	조	류	부	레	★	러	물	★	속
★	류	★	분	아	가	미	해	조	류

2 낱말뜻 알기
- ㉮ 부레 ㉯ 자리값
- ㉰ 플랑크톤 ㉱ 녹조류
- ㉲ 옆줄 ㉳ 지느러미
- ㉴ 어항 ㉵ 아가미

3 비슷한 말 반대말 알기
- ㉮ 전체 ㉯ = ㉰ ↔
- ㉱ = ㉲ = ㉳ =

4 큰 말 작은 말 알기
- ㉮ > ㉯ 물고기 ㉰ 아가미
- ㉱ > ㉲ 해조류 ㉳ 녹조류
- ㉴ > ㉵ 동물 ㉶ 코끼리

5 짝을 이루는 말 찾기
- ㉮ 한 길 사람 속은 모른다.
- ㉯ ① ㉰ 어물전 망신은
- ㉱ ②

6 낱말 활용하기
- ㉮ ② ㉯ ④ ㉰ ⑥ ㉱ ①
- ㉲ 예) 외국 여행을 하며 외국인들에게 예절을 지키지 않아 손가락질을 받는 한국 사람들을 볼 때

 퍼즐
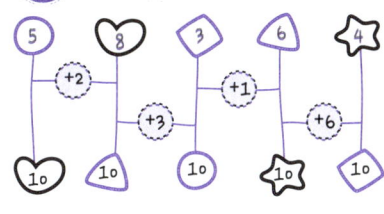
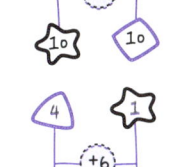

 퍼즐
- 문제1 ❸
- 문제2 ❹

 퍼즐
- 문제1
- 문제2
- 문제3

10회 정답

1 가로세로 낱말찾기

재	판	결	★	★	검	판	사	★	경	대
변	호	사	★	원	사	★	건	찰	법
론	★	범	피	고	★	증	거	서	원
법	률	죄	인	경	찰	관	★	감	옥
정	마	★	법	치	주	의	구	속	★

2 낱말뜻 알기
- ㉮ 재판 ㉯ 변호사
- ㉰ 원고 ㉱ 법치주의
- ㉲ 법정 ㉳ 감옥
- ㉴ 판사 ㉵ 경찰관

3 비슷한 말 반대말 알기
- ㉮ = ㉯ ↔ ㉰ ↔
- ㉱ 원고 ㉲ ↔ ㉳ =

4 큰 말 작은 말 알기
- ㉮ < ㉯ 법조인 ㉰ 변호사
- ㉱ > ㉲ 죄인 ㉳ 도둑
- ㉴ > ㉵ 법 ㉶ 민법

5 짝을 이루는 말 찾기
- ㉮ 사람은 미워하지 말라.
- ㉯ ② ㉰ 답답한 ㉱ ①

6 낱말 활용하기
- ㉮ ② ㉯ ④ ㉰ ⑦ ㉱ ⑥
- ㉲ ⑩ 검사는 이번 재판에서 이기기 위해 열심히 증거를 찾고 있다.

11회 정답

1 가로세로 낱말찾기

감	격	★	닭	음	박	질	그	★	감
★	격	뒤	살	림	살	이	릇	주	정
궤	정	주	★	막	무	가	내	반	★
짝	거	다	짜	고	짜	★	봉	주	깨
★	리	멍	텅	구	리	즐	비	하	다

2 낱말뜻 알기
- ㉮ 감격 ㉯ 막무가내
- ㉰ 다짜고짜 ㉱ 즐비하다
- ㉲ 뒤주 ㉳ 궤짝
- ㉴ 그릇 ㉵ 복주깨

3 비슷한 말 반대말 알기
- ㉮ 감격 ㉯ = ㉰ =
- ㉱ = ㉲ ↔ ㉳ ↔

4 큰 말 작은 말 알기
- ㉮ > ㉯ 감정 ㉰ 감격
- ㉱ < ㉲ 그릇 ㉳ 대접
- ㉴ > ㉵ 살림살이
- ㉶ 그릇

5 짝을 이루는 말 찾기
- ㉮ 팔자 ㉯ ① ㉰ 걸음아,
- ㉱ ②

6 낱말 활용하기
- ㉮ ② ㉯ ③ ㉰ ① ㉱ ④
- ㉲ ⑩ 행성이 떨어져서 지구가 사라지지 않을까 걱정이라니, 넌 참 걱정도 팔자구나.

12회 정답

1 가로세로 낱말찾기

평	★	유	한	살	이	★	일	생	채
면	곤	충	★	날	개	돋	이	★	집
도	★	애	허	물	벗	기	★	표	번
형	성	벌	굼	벵	이	매	미	본	데
살	충	레	★	장	구	벌	레	★	기

2 낱말뜻 알기
- ㉮ 평면도형 ㉯ 한살이
- ㉰ 유충 ㉱ 굼벵이
- ㉲ 표본 ㉳ 번데기
- ㉴ 허물벗기 ㉵ 성충

3 비슷한 말 반대말 알기
- ㉮ 애벌레 ㉯ = ㉰ ↔
- ㉱ > ㉲ ↔ ㉳ =

4 큰 말 작은 말 알기
- ㉮ > ㉯ 한살이 ㉰ 번데기
- ㉱ > ㉲ 곤충 ㉳ 매미
- ㉴ < ㉵ 평면도형
- ㉶ 삼각형

5 짝을 이루는 말 찾기
- ㉮ 구르는 재주가 있다.
- ㉯ ① ㉰ 한철이다. ㉱ ②

6 낱말 활용하기
- ㉮ ④ ㉯ ⑥ ㉰ ⑤ ㉱ ③
- ㉲ ⑩ 굼벵이도 구르는 재주가 있다더니, 몸치인 윤아가 노래는 잘 하네.

퍼즐

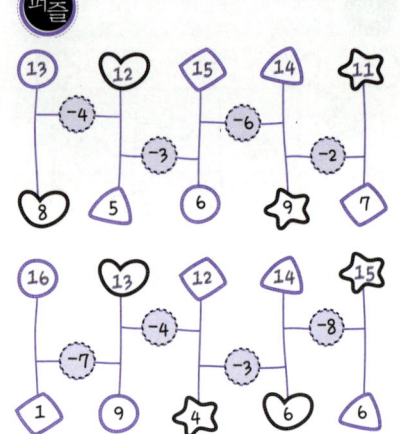

정답

① 가로세로 낱말찾기

뒷	★	볼	멘	소	리	★	부	이	익
바	양	★	손	질	하	다	축	주	우
라	보	판	단	력	★	자	하	★	애
지	★	다	자	용	모	원	다	말	씨
몸	가	짐	원	★	지	경	★	투	★

② 낱말뜻 알기
- 가 볼멘소리 나 뒷바라지
- 다 용모 라 지경
- 마 양보 바 판단력
- 사 우애 아 다짐

③ 비슷한 말 반대말 알기
- 가 = 나 = 다 ↔
- 라 = 마 이익 바 ↔

④ 큰 말 작은 말 알기
- 가 < 나 몸가짐 다 말투
- 라 > 마 손질하다
- 바 자르다 사 > 아 우애
- 자 우정

⑤ 짝을 이루는 말 찾기
- 가 삼일(三日) 나 ①
- 다 천 냥 빚 갚는다. 라 ②

⑥ 낱말 활용하기
- 가 ⑦ 나 ④ 다 ③ 라 ⑤
- 마 예 하루에 십 분씩 공부 하겠다는 목표를 올해는 꼭 지키려고 했는데, 이 번에도 작심삼일이다.

정답

① 가로세로 낱말찾기

몸	집	건	무	말	★	실	랑	이	★
담	장	갱	초	귀	암	별	★	체	구
나	약	한	★	건	낭	소	콩	깍	지
★	광	고	지	★	토	리	개	두	★
시	샘	★	양	초	아	★	루	기	은

② 낱말뜻 알기
- 가 말귀 나 시샘
- 다 별소리 라 나약한
- 마 광고지 바 담장
- 사 양초 아 콩깍지

③ 비슷한 말 반대말 알기
- 가 건강한 나 = 다 ↔
- 라 = 마 = 바 =

④ 큰 말 작은 말 알기
- 가 < 나 체구 다 나약한
- 라 < 마 광고 바 광고지
- 사 < 아 읽기 자 낭송

⑤ 짝을 이루는 말 찾기
- 가 경 읽기 나 ①
- 다 콩깍지가 씌다. 라 ②

⑥ 낱말 활용하기
- 가 ⑤ 나 ① 다 ③ 라 ④
- 마 예 큰 누나가 못생긴 남 자 친구를 데리고 와서 자꾸 믹키유천을 닮았다 고 하는 걸 보았을 때

정답

① 가로세로 낱말찾기

★	액	정	보	화	부	풀	어	오	름
고	체	★	발	견	알	★	성	질	★
수	공	간	명	★	갱	세	깔	때	기
증	발	액	화	초	이	균	기	화	★
기	체	종	류	건	★	유	지	하	다

② 낱말뜻 알기
- 가 성질 나 고체
- 다 증발 라 액화
- 마 세균 바 깔때기
- 사 수증기 아 액체

③ 비슷한 말 반대말 알기
- 가 공간 나 ↔ 다 =
- 라 ↔ 마 = 바 =

④ 큰 말 작은 말 알기
- 가 > 나 상태
- 다 부풀어 오름 라 <
- 마 조건 바 온도
- 사 > 아 성질 자 액체

⑤ 짝을 이루는 말 찾기
- 가 아랫물도 맑다. 나 ②
- 다 빠지다. 라 ①

⑥ 낱말 활용하기
- 가 ⑦, ⑥ 나 ②, ①
- 다 ③ 라 ⑤
- 마 예 목욕탕에는 수증기가 가득 차 있다.

16회

퍼즐
- 문제1 ❶
- 문제2 ❹

정답

1 가로세로 낱말찾기

지	도	하	안	★	사	거	리	농	공
★	로	천	내	공	목	장	★	경	장
나	백	지	도	원	★	주	택	지	★
침	★	기	호	★	저	수	지	★	창
반	논	밭	★	아	파	트	단	지	고

2 낱말뜻 알기
- 가 도로 나 기호
- 다 하천 라 농경지
- 마 사거리 바 나침반
- 사 지도 아 백지도

3 비슷한 말 반대말 알기
- 가 내 = 다 ↔ 라 =
- 마 = 바 =

4 큰 말 작은 말 알기
- 가 > 나 지도 다 안내도
- 라 > 마 농경지 바 밭
- 사 > 아 도로 자 사거리

5 짝을 이루는 말 찾기
- 가 용 난다. 나 ②
- 다 뚫다. 라 ①

6 낱말 활용하기
- 가 ④ 나 ⑤
- 다 ②, ③ 라 ⑥
- 마 예 처음 방문하는 곳을 갔을 땐 안내도를 이용하면 길 찾기가 쉽다

17회

퍼즐
- 문제1
- 문제2

정답

1 가로세로 낱말찾기

전	기	농	★	동	전	★	천	연	★
관	서	번	듬	뿍	우	물	치	못	역
김	매	기	미	또	★	장	★	굴	★
★	구	실	역	래	도	난	생	김	사
덩	굴	손	인	정	머	리	★	관	심

2 낱말뜻 알기
- 가 전기 나 농번기
- 다 인정머리 라 김매기
- 마 동전 바 물장난
- 사 덩굴손 아 우물

3 비슷한 말 반대말 알기
- 가 농한기 나 ↔ 다 =
- 라 = 마 = 바 =

4 큰 말 작은 말 알기
- 가 < 나 돈 다 동전
- 라 > 마 전기 바 위인전
- 사 > 아 농번기 자 추수

5 짝을 이루는 말 찾기
- 가 개구리 나 ①
- 다 미역을 감는다. 라 ②

6 낱말 활용하기
- 가 ③ 나 ①, ②
- 다 ⑥, ⑦ 라 ④
- 마 예 우물 안 개구리로 살지 않으려면 신문과 책을 많이 읽어서 세상 일에 관심을 가져야 한다.

18회

퍼즐

정답

1 가로세로 낱말찾기

가	★	예	상	유	전	혼	합	물	★
루	관	찰	★	자	석	반	★	철	식
금	속	장	치	화	★	작	제	가	히
★	생	물	질	★	작	용	장	루	다
실	제	체	★	자	극	★	조	사	★

2 낱말뜻 알기
- 가 유전 나 저장
- 다 물질 라 작용
- 마 철가루 바 자석
- 사 금속 아 혼합물

3 비슷한 말 반대말 알기
- 가 반작용 나 = 다 =
- 라 ↔ 마 = 바 =

4 큰 말 작은 말 알기
- 가 > 나 자석 다 S극
- 라 < 마 금속 바 구리
- 사 > 아 물체 자 자석

5 짝을 이루는 말 찾기
- 가 무쇠가 녹는다. 나 ①
- 다 자전(子傳) 라 ②

6 낱말 활용하기
- 가 ⑦ 나 ②
- 다 ③ 라 ①
- 마 예 아버지와 내가 걷는 모습을 보신 할머니께서는 부전자전이라고 말씀하셨다.

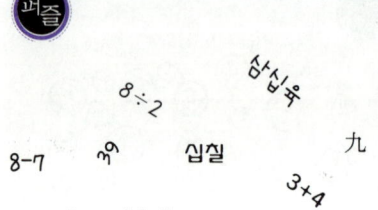

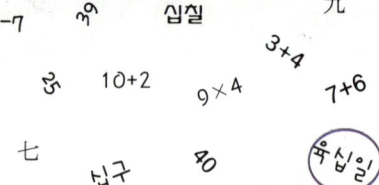
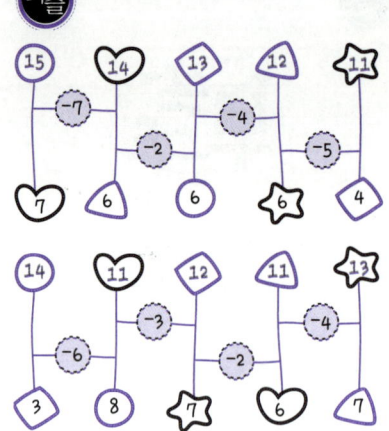
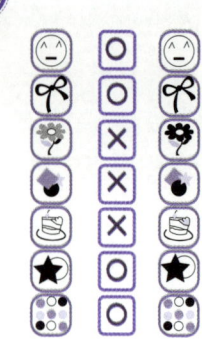

정답 (19회)

① 가로세로 낱말찾기

★	통	일	삼	팔	선	★	실	평	화
겨	★	문	이	산	가	족	향	분	단
레	북	화	침	전	쟁	★	민	족	★
남	녘	어	략	한	반	도	★	소	원
★	백	의	민	족	★	★	판	문	점	★

② 낱말뜻 알기
- 가 실향민 나 분단
- 다 문화어 라 겨레
- 마 한반도 바 전쟁
- 사 이산가족 아 통일

③ 비슷한 말 반대말 알기
가 ↔ 나 = 다 ↔
라 = 마 전쟁 바 =

④ 큰 말 작은 말 알기
- 가 < 나 겨레 다 북한
- 라 > 마 분단 바 휴전선
- 사 > 야 우리말 자 문화어

⑤ 짝을 이루는 말 찾기
- 가 물보다 진하다. 나 ②
- 다 북녀 라 ①

⑥ 낱말 활용하기
가 ③ 나 ⑤
다 ④, ② 라 ⑦, ⑥
마 예) 평소에 날 못살게 굴던 형이 나를 괴롭히던 친구들을 멋지게 혼내주었을 때

정답 (20회)

① 가로세로 낱말찾기

그	제	야	장	망	도	★	동	움	★
★	말	썽	난	부	문	토	굴	막	바
가	★	망	주	석	지	부	릅	뜨	다
세	장	★	솟	대	★	당	돌	하	다
★	승	★	비	탈	진	★	청	지	기

② 낱말뜻 알기
- 가 그제야 나 기세
- 다 당돌하다 라 청지기
- 마 망주석 바 눈을 부릅뜨다
- 사 솟대 아 비탈진 산

③ 비슷한 말 반대말 알기
가 = 나 ↔ 다 ↔
라 = 마 움막 바 ↔

④ 큰 말 작은 말 알기
- 가 > 나 굴 다 토굴
- 라 > 마 집 바 움막집
- 사 < 아 때 자 그제야

⑤ 짝을 이루는 말 찾기
- 가 팔리다. 나 ②
- 다 산도 허물고 바다도 메울
- 라 ①

⑥ 낱말 활용하기
가 ④ 나 ② 다 ⑤ 라 ⑦
마 예) 친구와의 장난에 팔려 학원 갈 시간이 지난 것도 잊었다.

정답 (21회)

① 가로세로 낱말찾기

달	★	그	망	우	주	선	자	전	운
★	별	음	원	공	★	상	월	식	석
보	름	달	경	전	하	현	달	★	구
★	소	수	★	초	승	달	탐	사	성
크	레	이	터	★	천	체	당	★	이

② 낱말뜻 알기
- 가 소수 나 자전
- 다 월식 라 탐사
- 마 크레이터 바 우주선
- 사 그믐달 아 초승달

③ 비슷한 말 반대말 알기
가 ↔ 나 = 다 하현달
라 ↔ 마 = 바 =

④ 큰 말 작은 말 알기
- 가 < 나 1보다 작은 수
- 다 소수 라 > 마 달
- 바 그믐달 사 > 아 천체
- 자 달

⑤ 짝을 이루는 말 찾기
- 가 기운다. 나 ②
- 다 닿다. 라 ①

⑥ 낱말 활용하기
가 ⑥ 나 ③
다 ④, ⑤ 라 ①
마 예) 뉴스에서 본 에베레스트 산은 하늘에 닿을 정도로 높았다.

22회 (97쪽~100쪽)

- 문제1: ❸
- 문제2: ❷

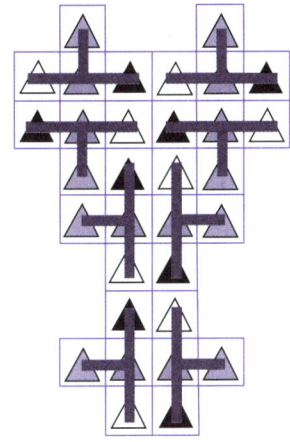

 정답

① 가로세로 낱말찾기

공	공	기	관	★	우	불	법	주	차
★	민	★	복	구	체	예	방	★	량
보	원	경	지	청	국	경	로	당	전
건	★	찰	기	초	생	활	밤	범	염
소	방	서	류	★	단	속	★	병	

② 낱말뜻 알기
- 가 경로당 나 전염병
- 다 복지 라 민원
- 마 우체국 바 예방주사
- 사 소방서 아 서류

③ 비슷한 말 반대말 알기
- 가 = 나 = 다 =
- 라 ↔ 마 =

④ 큰 말 작은 말 알기
- 가 > 나 소방서 다 소방차
- 라 > 마 공공기관
- 바 소방서 사 <
- 아 전염병 자 콜레라

⑤ 짝을 이루는 말 찾기
- 가 끄다. 나 ①
- 다 제 발 저리다. 라 ②

⑥ 낱말 활용하기
- 가 ③ 나 ① 다 ④ 라 ⑦
- 마 예) 엄마가 아끼는 꽃병을 깨뜨린 짱구가 갑자기 청소도 하고 심부름도 하면서 엄마의 눈치를 볼 때

23회 (101쪽~104쪽)

 정답

① 가로세로 낱말찾기

꿀	밤	송	이	★	탯	줄	★	솔	방	울
★	도	무	지	★	기	임	깃	콧	물	
마	★	나	아	리	랑	숙	하	잔	★	
구	★	고	가	물	가	물	★	등	잔	
★	소	나	기	억	★	★	불	디		

② 낱말뜻 알기
- 가 도무지 나 아리랑
- 다 마구 라 콧잔등
- 마 꿀밤 바 솔방울
- 사 탯줄 아 등잔

③ 비슷한 말 반대말 알기
- 가 = 나 ↔ 다 ↔
- 라 ↔ 마 =

④ 큰 말 작은 말 알기
- 가 > 나 아리랑
- 다 밀양아리랑 라 <
- 마 얼굴 바 콧잔등
- 사 < 아 비 자 소나기

⑤ 짝을 이루는 말 찾기
- 가 잡듯 하다. 나 ②
- 다 밑이 어둡다. 라 ①

⑥ 낱말 활용하기
- 가 ⑥ 나 ① 다 ② 라 ⑤
- 마 예) 등잔 밑이 어둡다더니, 손에 쥐고 있는 휴대폰을 몇 시간 동안 찾아 헤맸다.

24회 (105쪽~108쪽)

 정답

① 가로세로 낱말찾기

잎	자	루	그	체	★	수	염	뿌	리
맥	줄	기	물	관	뭉	쳐	나	기	돌
나	란	히	맥	★	원	★	이	바	려
★	잎	차	례	뿌	도	테	★	나	
마	주	나	기	리	넝	쿨	줄		

② 낱말뜻 알기
- 가 잎맥 나 체관
- 다 넝쿨줄기 라 잎차례
- 마 나란히맥 바 뭉쳐나기
- 사 수염뿌리 아 나이테

③ 비슷한 말 반대말 알기
- 가 = 나 = 다 ↔
- 라 = 마 = 바 줄기

④ 큰 말 작은 말 알기
- 가 > 나 잎맥 다 나란히맥
- 라 > 마 잎차례
- 바 돌려나기 사 <
- 아 뿌리 자 수염뿌리

⑤ 짝을 이루는 말 찾기
- 가 뽑다. 나 ②
- 다 바람 잘 날 없다. 라 ①

⑥ 낱말 활용하기
- 가 ① 나 ⑥ 다 ③ 라 ⑦
- 마 예) 친구를 따돌리는 나쁜 버릇은 뿌리를 뽑아야 한다.

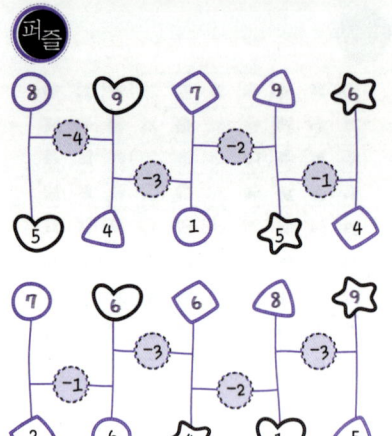
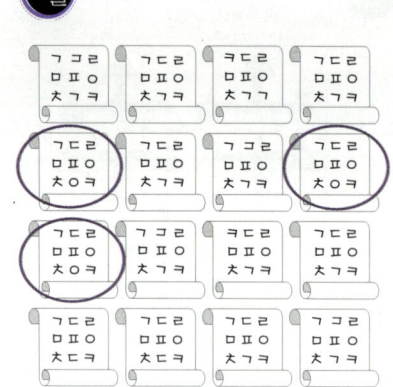

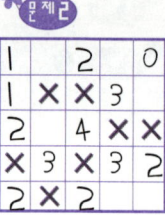

25회 (109쪽~112쪽)

정답

1 가로세로 낱말찾기

★	제	납	골	당	★	비	녀	무	덤	성
관	례	★	부	★	장	송	곡	★	년	★
자	★	사	당	★	마	례	★	촛	★	묘
상	여	★	의	식	도	★	★	추	모	★
복	★	상	주	★	상	투	★	모	초	사

2 낱말뜻 알기
- 가 관례 나 장례
- 다 납골당 라 부고
- 마 상여 바 무덤
- 사 상투 아 비녀

3 비슷한 말 반대말 알기
- 가 부음 나 = 다 =
- 라 = 마 = 바 =

4 큰 말 작은 말 알기
- 가 > 나 제례 다 묘제
- 라 < 마 관례 바 상투
- 사 > 아 장례 자 상여

5 짝을 이루는 말 찾기
- 가 이밥(쌀밥)이라! 나 ②
- 다 올라앉다 라 ①

6 낱말 활용하기
- 가 ⑦ 나 ④ 다 ① 라 ③
- 마 예) 전통 박물관에 전시되어 있는 비녀들은 참 아름답다.

26회 (113쪽~116쪽)

정답

1 가로세로 낱말찾기

보	배	심	혈	★	진	귀	한	★	이
물	★	제	애	정	★	들	키	다	름
★	상	품	이	로	운	묘	★	말	날
선	★	헛	수	고	★	목	뚝	솔	테
뚝	하	지	않	게	써	돌	이	길	전

2 낱말뜻 알기
- 가 터전 나 심혈
- 다 제품 라 선뜻
- 마 보물 바 말뚝
- 사 오솔길 아 묘목

3 비슷한 말 반대말 알기
- 가 = 나 ↔ 다 ↔
- 라 이로운 마 = 바 ↔

4 큰 말 작은 말 알기
- 가 > 나 물건 다 폐품
- 라 < 마 나무 바 묘목
- 사 > 아 길 자 큰길

5 짝을 이루는 말 찾기
- 가 숲을 보지 못한다 나 ②
- 다 꿰어야 보배라! 라 ①

6 낱말 활용하기
- 가 ① 나 ③ 다 ④ 라 ②
- 마 예) 구슬이 서 말이라도 꿰어야 보배라는 말처럼, 주변에 좋은 책이 많아도 읽지 않으면 아무 소용이 없다.

27회 (117쪽~120쪽)

정답

1 가로세로 낱말찾기

원	★	중	심	파	장	적	확	그	초
★	반	지	름	태	양	외	산	림	발
광	★	름	★	자	외	선	★	자	광
원	도	투	가	시	광	선	햇	빛	우
불	투	명	무	지	개	★	전	구	★

2 낱말뜻 알기
- 가 전구 나 광원
- 다 발광 라 투명
- 마 반지름 바 무지개
- 사 태양 아 그림자

3 비슷한 말 반대말 알기
- 가 지름 나 ↔ 다 ↔
- 라 = 마 = 바 ↔

4 큰 말 작은 말 알기
- 가 < 나 원 다 지름
- 라 > 마 빛의 통과
- 바 투명 사 > 아 해
- 자 햇빛

5 짝을 이루는 말 찾기
- 가 짧다. 나 ②
- 다 찾을 수 없다. 라 ①

6 낱말 활용하기
- 가 ③ 나 ② 다 ④ 라 ①
- 마 예) 겨울이 되니 해가 짧아져서 바깥에서 오래 놀 수가 없다.

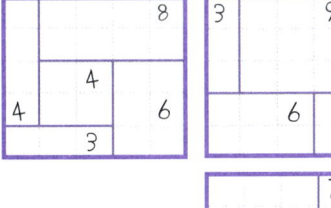

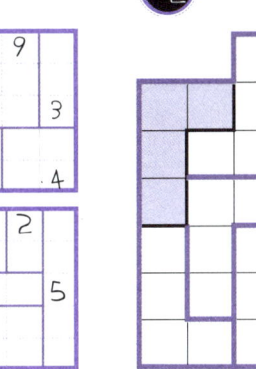

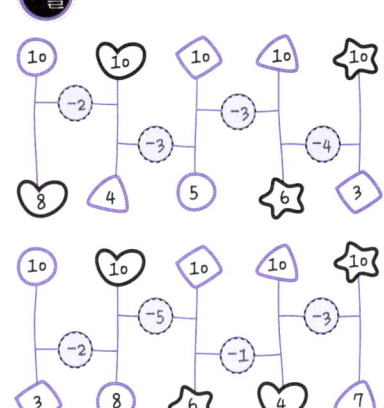

 정답

1 가로세로 낱말찾기

명	절	다	리	밟	기	땔	오	장	★
★	한	탈	춤	윷	★	감	곡	잔	보
대	식	초	★	놀	민	밥	★	릿	
보	★	동	지	이	속	판	소	리	고
름	더	위	팔	기	아	궁	이	★	개

2 낱말뜻 알기
- 가 보릿고개 나 명절
- 다 동지 라 민속
- 마 탈춤 바 판소리
- 사 윷놀이 아 아궁이

3 비슷한 말 반대말 알기
- 가 = 나 동지 다 =
- 라 ↔ 마 ↔

4 큰 말 작은 말 알기
- 가 > 나 명절 다 추석
- 라 < 마 민속놀이
- 바 다리밟기 사 >
- 아 판소리 자 심청가

5 짝을 이루는 말 찾기
- 가 태산보다 높다. 나 ①
- 다 청명에 죽으나 라 ②

6 낱말 활용하기
- 가 ⑤ 나 ④ 다 ⑥ 라 ②
- 마 예) 요즘에는 경제가 성장하여 보릿고개를 거의 경험하지 않는다.

 정답

1 가로세로 낱말찾기

옷	천	덮	표	기	★	고	민	그	실
깃	지	다	쓰	레	기	더	미	리	감
★	위	인	전	수	금	히	★	움	나
짝	꿍	★	창	평	★	쏟	아	붓	다
찌	꺼	기	가	선	두	드	리	다	★

2 낱말뜻 알기
- 가 표기 나 찌꺼기
- 다 실감나다 라 고민
- 마 쓰레기더미 바 위인전
- 사 창가 아 수평선

3 비슷한 말 반대말 알기
- 가 = 나 = 다 ↔
- 라 ↔ 마 고민 바 =

4 큰 말 작은 말 알기
- 가 > 나 책 다 위인전
- 라 < 마 바다 바 수평선
- 사 > 아 생각 자 그리움

5 짝을 이루는 말 찾기
- 가 두드리다. 나 ②
- 다 여미다. 라 ①

6 낱말 활용하기
- 가 ⑥ 나 ③ 다 ② 라 ①
- 마 예) 선생님께 인사를 드리기 전에 옷깃을 여미고 머리를 매만졌다.

 정답

1 가로세로 낱말찾기

들	밀	리	리	터	진	동	★	무	★
이	★	돌	터	★	청	음	폭	게	넓
★	모	래	소	리	진	★	부	피	이
바	위	★	보	청	기	알	갱	이	★
흙	★	자	갈	★	초	음	파	측	량

2 낱말뜻 알기
- 가 부피 나 들이
- 다 리터 라 초음파
- 마 청진기 바 바위
- 사 자갈 아 모래

3 비슷한 말 반대말 알기
- 가 = 나 = 다 ↔
- 라 = 마 = 바 ↔

4 큰 말 작은 말 알기
- 가 > 나 부피 다 리터(ℓ)
- 라 > 마 음파 바 초음파
- 사 < 아 돌 자 바위

5 짝을 이루는 말 찾기
- 가 바위 치기 나 ②
- 다 죽이다. 라 ①

6 낱말 활용하기
- 가 ⑦ 나 ① 다 ⑥ 라 ⑤
- 마 예) 도서관에 갔다가 우연히 친구를 만나서 소리를 죽여 가며 인사를 나눴다.

143